SV

Früher war alles besser, so hören wir fast täglich von unseren Eltern und Großeltern oder von Mitreisenden in der U-Bahn. Früher, da haben sich die Menschen noch miteinander unterhalten, statt auf ihre Handys zu starren. Sie engagierten sich für die Gemeinschaft, statt vereinzelt vor sich hin zu vegetieren, und nebenbei hatte der Sommer noch die perfekte Temperatur. Michel Serres wuchs vor über achtzig Jahren im ländlichen Südwestfrankreich auf, und er kann uns erzählen, wie es wirklich war: Ja, die Hühner mögen alle frei herumgelaufen sein, und die Schweine wurden noch nicht mit Antibiotika behandelt. Aber Seuchen und Krankheiten waren an der Tagesordnung, bei Tieren wie bei Menschen. Zwar gab es keine Internetpornos, doch manch junges Paar glaubte, die Liebe werde durch den Bauchnabel gemacht. Wie schon im Vorgängerband *Erfindet euch neu!* (2013) spricht Serres auch heute wieder die vernetzte Generation – jene kleinen Däumlinge und Däumelinchen, die mit flinken Fingern ihre Smartphones steuern – direkt an: Die Nostalgie für das Vergangene, so ermahnt uns Serres, läßt uns vergessen, was unsere Gegenwart so wertvoll macht.

Michel Serres (1930-2019) lehrte Philosophie und Wissenschaftsgeschichte an der Stanford University und an der Sorbonne in Paris. Er war Mitglied der Académie française und wurde 2012 mit dem Meister-Eckhart-Preis ausgezeichnet. Im Suhrkamp Verlag liegen u. a. vor: *Der Parasit* (stw 677) und *Elemente einer Geschichte der Wissenschaften* (stw 1355).

Michel Serres

Was genau war früher besser?

Ein optimistischer Wutanfall

Aus dem Französischen
von Stefan Lorenzer

Suhrkamp

Die französische Originalausgabe dieses Buches erschien 2017 unter dem Titel *C'était mieux avant* bei Éditions Le Pommier (Paris).

3. Auflage 2019

Erste Auflage 2019
edition suhrkamp
Sonderdruck
Deutsche Erstausgabe

Satz: Satz-Offizin Hümmer GmbH, Waldbüttelbrunn
Druck: CPI – Ebner & Spiegel, Ulm
Umschlagabbildung: Olivier Roller
Printed in Germany
ISBN 978-3-518-07497-8

Was genau war früher besser?

Durch den steilen Anstieg der Lebenserwartung bevölkert sich unser schönes Land mit dem, was man dümmlich-verschämt Senioren nennt. Ich bin einer dieser Greise. Viele von ihnen verklären, wie wir sehen werden, ihre Jugend. Andererseits nörgeln sie. Denn ob Greis oder Kind, Frau oder Mann, reich oder arm, rechts oder links, gläubig oder gottlos, ob Galloromane oder Okzitanier, Bretone oder Picarde, Elsässer, Korse, Baske – seit den Zeiten unserer gallischen Vorväter regt der Franzose sich auf, er kritisiert, mault, meckert, schimpft, empört sich, fährt aus der Haut, gerät in Wut. Mindestens dreimal die Woche ziert dieses Wort die Titelseiten unserer Zeitungen. Auch die zu Fratzen entstellten Gesichter, von denen es auf François Rudes *La Marseillaise*, dem Hochrelief auf dem rechten Pfeiler des Arc de Triomphe, wimmelt, schreien jenen Zorn hinaus, für den unsere schlechtgelaunte Nation bekannt ist.

Greise plus Nörgler, zwei nichtexklusive Populationen. Ihre Summe oder Mischung verwandelt unser Frankreich in einen Tummelplatz von Meckergreisen. Längst in der Überzahl und also zu einer gewichtigen Wählergruppe geworden, sind diese redseligen Choleriker zugleich stets bemüht, die Erfolge ihres Daseins ins rechte Licht zu rücken. Und so erzählen sie Däumelinchen, jener Arbeitslosen oder Praktikantin, die allerdings noch lange für diese Rentner wird zahlen müssen: »Früher war alles besser.«

Das trifft sich gut, denn bei diesem Früher, da war ich schließlich dabei. Ich kann ein Expertenurteil abgeben. Hier ist es.

Caudillo, Duce, Führer, Großer Vorsitzender ...

Früher wurden wir von Mussolini und Franco regiert, von Hitler, Lenin und Stalin, Mao, Pol Pot, Ceaușescu ... alles gute Leute, ausgewiesene Spezialisten für Vernichtungslager und Folter, Massenhinrichtungen, Kriege und Säuberungen. Verglichen mit diesen illustren Akteuren wirkt so ein demokratischer Präsident eher blaß, es sei denn, er nötigt eine besiegte Nation, den demütigenden Versailler Vertrag zu unterzeichnen, überzieht Dresden mit Bombenteppichen oder zündet eine Atombombe, um die Zivilbevölkerung von Hiroshima und Nagasaki auszulöschen.

Unsere Kindheit stand im Bann dieses politischen 20. Jahrhunderts. Wie oft zwang man uns, vor gehißter Flagge die Nationalhymne zu singen? Bei wie vielen Aufmärschen mußten wir als Kinder mitlaufen, zu Ehren von Marionetten, die ihre politischen Meinungen wechselten, wie es die Machtverhältnisse gerade erforderten? Wie viele Lügen hat man uns aufgetischt? Wie viele Gefolterte haben wir schreien hören, wie viele Leichen von Freunden in den Gräben sehen müssen?

Krieg und Frieden

Früher, da zogen unsere Vorfahren in den Krieg von 1870 und unsere noch jungen Väter in den von 1914, in dem fast alle unsere Bauern fielen. Es folgten der Bürgerkrieg in Spanien, dessen Grausamkeiten das wundervolle Land mit Blut tränkten, dann der Zweite Weltkrieg mit all seinen rassistischen Greueln und schließlich die Kolonialkriege, in Indochina und Algerien, wo ich selbst unter Waffen stand. Mein Großvater entging in der Schlacht von Sedan nur knapp dem Tod, mein Vater wurde im Bombenhagel von Verdun von Kampfgasen vergiftet, und ich mußte die Suezkrise hinter mich bringen. So kannten meine Familie und ich ein Jahrhundert lang nichts als Krieg, Krieg, Krieg … Von der Geburt bis zum Erwachsenenalter hat er meinen Körper geformt, Arme und Beine, Herz und Hirn, der Krieg, der Krieg und wieder der Krieg.

Seither haben wir fast fünfundsiebzig Jahre Frieden erlebt, was es zumindest in Westeuropa seit der *Ilias* oder der *Pax Romana* nie gegeben hat. Es war meine Generation, die Kriegsgeneration, die diesen sechs bis sieben Jahrzehnten, die glücklicher waren als die Blutbäder von einst, den Boden bereitete und sie Wirklichkeit werden ließ. Aber die Ruhe des Friedens verleitet zum Vergessen, während wir das Getöse und die Raserei der Kämpfe nie aus dem Gedächtnis verlieren werden. Städte und Dörfer errichten gar Gefallenendenkmäler, auf denen in kaum zu ertragenden Listen der Toten gedacht wird. Hat unser Meckergreis Gedächtnislücken? Läuft er nie über die inzwischen leeren Dorfplätze? Ist der Friede von heute weniger unterhaltsam als die Kriege von einst?

Früher fielen den fortwährenden Gemetzeln und anderen Staatsverbrechen, dem Gulag oder der Shoah, Dutzende Millionen zum Opfer. Statistiken sagen, daß vor dem letzten Jahrhundert die Zahl derer, die an Infektionskrankheiten starben, stets über der Zahl der Kriegsopfer lag. Das 20. Jahrhundert war das erste, in dem das Grauen der Schlachtfelder mehr Tote gefordert hat als die Arglist der Mikroben. Das strategische Wissen feierte einen glanzvollen Sieg über die tückischen Winzlinge. Um den Tötungsrekord noch zu übertreffen, ersannen findige Experten Kampfflugzeuge, chemische Waffen und Atombomben; und unsere Eliten träumten von massiven Zerstörungen. Welche Meisterwerke der

Planung und Fertigung haben wir doch früher hervorgebracht!

Nie hatte das Abendland in Wissenschaft und Kunst, Malerei und Musik, Elektrotechnik, Quantenmechanik und Chemie, Technik und Transportwesen, Alltagsleben und Komfort solche kulturellen Höhen erreicht wie zu der Zeit, bevor diese Verbrechen begannen. Nie zuvor hatte es eine solche Blüte der Freiheit und Demokratie gekannt, ganz zu schweigen vom Völkerbund, dem Roten Kreuz sowie ungezählten pazifistischen, egalitären und emanzipatorischen Bewegungen, die wir miterlebt und mitunter auch unterstützt haben. Der Abgrund der Verrohung, in den wir gestürzt sind, und die Zahl der Leichen, die unsere aberwitzige Grausamkeit angehäuft hat, erstaunen weniger als die Beziehung zwischen diesen Greueln und einem solchen Gipfel der Kultur.
Aber wovor schützt sie uns dann, die Kultur?

Früher, nämlich während der Besatzung, tauchten an den Mauern von Paris und anderen französischen Städten mit einem Mal zahllose deutsche Wörter auf. Das hat mich den Abscheu vor herrschenden Sprachen gelehrt und die Liebe zu denen, die man auslöschen will. Da mir heute an den gleichen Orten mehr amerikanische Wörter begegnen als seinerzeit deutsche, die sich an die Nazis richteten, versuche ich, die französische Sprache zu verteidigen, die unterdessen zur Sprache der Armen und Unterlegenen geworden ist. Und stelle fest, daß die Kollaborateure dieses wie jenes Sprachimports, die Söhne wie die Väter, der gleichen Klasse angehören, die man Elite nennt.

Sieht man von der Bombardierung der Zivilbevölkerung in den Städten ab, so ist in den Kriegen, meist von Verantwortlichen reiferen Alters beschlossen und organisiert, die männliche Jugend getötet worden. Mit anderen Worten: In den Ministerien, Botschaften und Hauptquartieren saßen Väter aus jener Elite, die sich mit Inbrunst einer im zweistelligen Millionenbereich betriebenen Ermordung ihrer Söhne widmeten. Den Töchtern und Söhnen, die überlebt hatten und zweifellos geblendet waren von der imponierenden Gräberzahl, wurde wenig später in den Hörsälen eine ganz andere Geschichte nahegebracht, die vom »Vatermord«.
Tote und Lügengeschichten, ja, früher war doch wirklich alles besser.

Früher gab es keine Handys und Notebooks, also bekam jeder es in aller Härte mit der ungeschminkten Realität zu tun. Heute dagegen seien die Däumlinge stets in die Watte des Virtuellen gepackt, beschwert sich der Meckergreis, so wie Sancho hinter vorgehaltener Hand auf seinem Esel die aus den Büchern geborenen Eskapaden des Don Quijote belächelt.

Wären die Toten, die wildgewordenen Führer, die Lügen, die Lager, die Verbrechen und das Gift von früher nicht in der harten Realität auf mich eingestürzt, sondern in der sanften Virtualität eines Videospiels, ich hätte nichts einzuwenden gehabt.

Ideologien

Früher durften wir unbehelligt in frei verkäuflichen antisemitischen Blättern Juden karikieren und massiv beleidigen; durften Afrikanern, Aborigines und Schwarzen im allgemeinen mit pseudowissenschaftlichen Argumenten nachweisen, sie seien unkultiviert, stünden den Primaten nahe und kämen geradewegs aus der Steinzeit, und das, obwohl sie doch unsere Zeitgenossen sind; durften straflos behaupten, die Katholiken, diese Betbrüder, seien eine Bande von Ignoranten und Rückwärtsgewandten, die Deutschen bloß blutrünstige Bestien und wie Sozialisten und Kommunisten stets mit dem Messer zwischen den Zähnen unterwegs; Lehrer und Arbeiter hätten es, faul wie sie sind, bloß auf bezahlten Urlaub abgesehen und unsere Chefs, ausnahmslos ruchlose Kapitalisten, saugten mit jeder Mahlzeit den Proletariern das Blut aus, nicht zu vergessen Adlige, Freimaurer, Einwanderer, Banlieuebewohner … – alle waren sie, wie man sich denken kann, höllisch gefährliche Leute, und es gab gar keine soziale

Gruppe, die *kein* Komplott gegen *uns* schmiedete. Die sozialen Netzwerke spielen dies dumme und gefährliche Spiel weiter. Zutiefst vom Haß gegen andere erfüllt, steuerten gesellschaftlicher Dialog und politische Auseinandersetzung ohne große Widerstände auf die oben erwähnten Verbrechen zu.
Übergang von den Worten zu den Taten.

Ich sage nicht, aller Rassismus sei verschwunden. Aber: Die Mischung von Herkünften, Religionen und Sprachen in Schulklassen und an Universitäten, die häufigen Urlaubs- und Studienreisen in nahe und ferne Länder, der Austausch unter Experten und Unternehmen, die von überall hereinkommenden Nachrichten, der von Rechnern und Handys gewährte universelle Zugang, das Kleine-Welt-Theorem, laut dem über fünf Ecken heute jeder jeden kennt … und schließlich jene entscheidenden neuen Zahlen, die uns darüber unterrichten, daß innerhalb von Familien häufiger gemordet wird als außerhalb von ihnen, daß Nachbarschaft und Intimität oft noch mehr Gewalt ausbrüten als Andersheit und es also schwieriger ist, daß Gleiche Gleiche lieben, verfeindete Brüder eingeschlossen, als daß Verschiedene einander ertragen … all das schwächt, ja widerlegt mitunter jene dummen und unmenschlichen Vorurteile der Vergangenheit, von denen ich nicht denke, daß unser Meckergreis wirklich stolz auf sie sein kann.

Ich verstehe ihn, wenn er mit einer gewissen Nostalgie sagt, früher hätten wir noch zusammengelebt, während sich heute jeder einzelne in die Isolation seines Handys zurückziehe. Aber bedenkt man, durch welche Ideologien die von ihm gepriesenen Zugehörigkeiten einst zusammengehalten wurden und zu welchen Verbrechen manche dieser Ideologien führen sollten – wer wollte sie nicht lieber aufgeben? Und überhaupt: Wer weiß denn heute noch, wie man zusammenhält, wo sich doch vor einigen Jahren sogar die Fußballer bei der Weltmeisterschaft verkracht haben; wer kann noch als Paar zusammenleben, wo doch die Scheidungsrate ansteigt; wer kann noch eine politische Partei bilden, wo doch in jeder einzelnen von ihnen so große persönliche Konflikte schwelen, daß am Ende die Verwirklichung der Ideale, die sich jene Bewegungen auf die Fahnen geschrieben haben, ganz unwahrscheinlich wird? Die alten Zugehörigkeiten sterben ab, selbst die zur Nation, der wir, meist für nichts und wieder nichts, unsere Eltern zu Millionen geopfert haben. Wir versuchen, neue Zugehörigkeiten zu schaffen, lokale zum Beispiel, in Nachbarschaften, in denen neue Währungen in Umlauf sind, aber auch globale, mit den sozialen Netzwerken, in denen sich Millionen zusammenfinden.
Das ist eben mein Individualismus, sagt Däumelinchen. Und verkündet umgekehrt: Es lebe der andere.

Welcher andere? Die Menschen, gewiß, aber auch die Gesamtheit derer, die nicht unserer Gattung angehören. Passen Sie auf.

Früher jagten Fabriken ihre Abfallstoffe ungehindert in die Atmosphäre oder leiteten sie ins Meer, in die Seine, den Rhein oder die Rhône. Tanker stießen Abgase in rauen Mengen aus. Die industrielle Revolution hatte so großes Vertrauen in Arbeiter, Ingenieure und Denker gesetzt, daß niemand sich träumen ließ, es könnte je eine Schattenseite ihres Tuns zutage treten. Die Philosophen lehrten die Endlichkeit des Menschen und die Unendlichkeit einer Welt, die Gaben und Segnungen im Überfluß bereithielt, und wir konnten unbegrenzt aus dem vollen dieses Kapitals schöpfen, das der Menschheit ohne Gegenleistung in den Schoß gelegt ward. Um die Rückstände scherte sich keiner.

Allmählich aber begann die Situation zu kippen. Als die Londoner im Smog erstickten und Polioviren sich in der Garonne ausbreiteten, fingen wir an, uns über die Risiken unseres Handelns Gedanken zu machen, zumal die öffentliche Meinung nach Hiroshima und einer Reihe von Industriekatastrophen in Alarmbereitschaft versetzt worden war. Auf unsere Herrschaft über die Dinge folgte im Gegenzug die eindrucksvolle Antwort der Dinge selbst. Daher die philosophische Kehrtwende: Ja, der Mensch mag mit seinem Wissen, seinen Wünschen, seiner Geschichte unendlich sein. Die Welt dagegen ist endlich. Auf den Fotos der Astronauten konnten wir es uns jetzt sogar anschauen, unser kleines Boot, gehüllt in sein Ozeankleid und einen gasförmigen Schal aus Wolken und Luft.

Während ihr Meckeropa es mit den Menschen und nur mit den Menschen hielt, macht Däumelinchen sich auf, die Welt gegen unsere Unternehmen zu verteidigen, ja dafür einzutreten, daß die Welt selbst als Rechtssubjekt anerkannt werde. Er hatte sich in einem bequemen anthropologischen Narzißmus eingerichtet, sie hat verstanden, welchen Schlag Bio- und Geowissenschaften dem Menschen und seiner Arroganz versetzt haben, und beherzigt deren Lehren, die sie in die Welt eintauchen lassen.

Sozialer Erregungszustand

Früher, in jenen Zeiten des ständigen Krieges, des Krieges unter den Menschen und aller Menschen gegen die Welt, lebte die Gesellschaft in einem eigentümlichen Zustand der Erregung. In Zeiten des Friedens laufen die Menschen auf der Straße oder am Bahnhof aneinander vorbei, ohne besonders aufeinander zu achten, oder grüßen fast gleichgültig, wenn sie sich kennen. Von ein paar Geisteskranken abgesehen, begegnen sie einander ohne Mißtrauen. Im Frieden sind die sozialen Beziehungen von einer neutralen Beiläufigkeit durchdrungen, die für ihre zivile Unaufgeregtheit sorgt.

Der Konflikt hingegen knüpft neue Bande, die auf Aggression, Angst, Haß und Mißtrauen beruhen und von ihnen genährt werden. Keiner lebt dann ohne Furcht, nicht der Jude, der Angst vor einem möglichen Pogrom hat, nicht der Widerstandskämpfer, dem Denunziation droht, nicht der Kollaborateur, dem man Verrat vorwirft. Alle leben in Habtachtstellung. Gibt es in dieser Lage noch einen einzigen friedlichen Zivilisten? Da der Kriegszustand das heilige Verbot der Tötung aufhebt, die nun befohlen oder gar als Heldentat gepriesen wird, weiß jeder, daß dieser Übergang zum Akt auch ihn betrifft: Er kann töten oder getötet werden, morgen, an der nächsten Straßenecke, ohne Vorwarnung; jeder fürchtet im anderen den möglichen Mörder. Im ganzen Netz der sozialen Beziehungen geht diese Todesdrohung um.

Dieser Gesellschaftszustand, der dem Krieg entspringt, kann auch unter der Herrschaft der ach so rechtschaffenen Leute von einst wiederauferstehen, dort, wo die Polizei willkürlich zuschlägt, statt die Bürger und ihre Rechte zu schützen. Die Szene trägt sich während der stalinistischen Ära in Moskau zu. Ein Physikprofessor lädt jeden Donnerstagabend drei alte Freunde zum

Kartenspiel bei sich ein. Sie alle kennen und schätzen einander seit Kindertagen, sie haben zusammengearbeitet, und im Laufe dieses geselligen Abends beteiligen sich alle an der regen Unterhaltung, die, während ein Spiel auf das nächste folgt und die Gewinne hin- und hergehen, alle erdenklichen Themen streift. Beglückt von den gemeinsam verbrachten Stunden und dem einen oder anderen Glas Wodka pflegt man um Mitternacht in gelöster Stimmung auseinanderzugehen. Eines schönen Wintertages, man verabschiedet sich gerade, reicht die Hausherrin den Gästen ihre Mäntel. Aus einer der Taschen fällt eine Karte, es ist die der gefürchteten Geheimpolizei. Wem die gehöre, fragt sie. Jeder einzelne bestreitet vehement, daß es die seine ist. Am nächsten Morgen taucht ein Soldat in Uniform in der Wohnung auf und verlangt nach der Karte. Man gibt sie ihm. Vom nächsten Donnerstag an werden die freundschaftlichen Treffen in eisigem Schweigen fortgesetzt, bis sie langsam aufhören.
Keine Freunde, also auch keine Freude mehr.

Psychiatrische Einrichtungen verzeichnen in Zeiten des Krieges oder der Tyrannei einen massiven Rückgang der Einlieferungszahlen. Mit jedem Konflikt leeren sich die Anstalten. Einfache Erklärung: Der Irrsinn der Bürger- oder Weltkriege bemächtigt sich des gesamten Kollektivs. Wie aus einer Quelle sprudelt er aus den geschlossenen Orten, an denen er von Pflegern verwaltet wird, ins Freie, um die Welt zu überfluten.

Was ich miterlebt habe, ist nicht Foucaults Große Einsperrung, sondern die Große Überflutung, die Sintflut, im wahrsten Sinne des Wortes. Sie begrub mit ihren todbringenden Fluten die ganze Erde unter sich. Da die allgemeine Psychose sämtliche Beziehungen vergiftete, trieben wir alle auf diesem Giftmeer. Später habe ich die Rückkehr zum Frieden wie eine Heilung erlebt. Ja, vorher waren wir krank. Ich versuche, die Ätiologie dieser grausigen Absurdität zu erkunden, ich möchte wissen, wie man ihr Einhalt gebieten kann. Wie kommt es, daß diese Pandemie sich mit einem Mal Bahn bricht? Und warum weichen die Fluten auf einen Schlag wieder zurück?
Lang lebe die kollektive geistige Gesundheit!

Krankheiten

Früher, als wir noch keine Antibiotika kannten, starb man an Tuberkulose oder Syphilis, wie fast alle Berühmtheiten des 19. Jahrhunderts, Schubert, Maupassant, Nietzsche. Meine Tante wurde von einer Meningitis dahingerafft, einen Monat vor Einführung des Penicillins, eines Heilmittels, das ihr tödliches Leiden auf eine Spritzenbehandlung von acht Tagen reduziert hätte; so aber war gegen die Infektion kein Kraut gewachsen.

Eine Sozialversicherung gab es nicht. Die Armen siechten damals ohne jede Gesundheitsversorgung dahin, und selbst den Reichen erging es nicht wirklich besser. Ein praktischer Arzt, der ein scharfsichtiger Diagnostiker sein mochte, als Therapeut aber meist machtlos war, packte morgens in seine Tasche die acht oder zehn wirksamen Medikamente, die es damals gab. Damals, als mangels Impfung viele meiner Freunde von den Folgen einer Kinderlähmung gezeichnet wurden, damals, als man sich über Behinderte lustig machte, indem man sie erbarmungslos mit Tiernamen belegte: Hasenscharte, Wolfsrachen oder Phokomelie, die Robbengliedrigkeit. Victor Hugos vom Chirurgen zum Dauergrinsen verurteilten *Mann, der lacht* habe ich gewissermaßen noch persönlich kennengelernt. Auch Schmerzen mußte man damals aushalten, da Schmerz- und Betäubungsmittel ebensowenig zur Verfügung standen wie entzündungshemmende Mittel: Man hätte Ihnen damals ohne Betäubung die Zähne gezogen. Ich habe zwei oder drei Generationen von Zahnlosen erlebt, die bloß noch Suppe löffeln konnten. Die Großtat der Weltgesundheitsorganisation bestand nicht etwa darin, hie und da einzelne Kranke zu heilen, sondern weltweit ein oder zwei Krankheiten auszumerzen, darunter die Pocken.

Wenn unsere Eltern sich am Strand oder im Schwimmbad nicht auszogen, dann waren daran nicht Verklemmtheit oder die sogenannte bürgerliche Moral

schuld, über die Däumelinchen sich zu Recht mokiert, sondern die Pockenmale oder andere unauslöschliche Narben, die sie unter den undurchsichtigen Gewändern verbargen, so wie einst Halskrausen das sogenannte Halsband der Venus verdecken sollten, eine von der Syphilis hervorgerufene Depigmentierung der Haut.
Kränkelnd, lahm, pickelig – ja, früher, da war der Körper auf Rosen gebettet!

Leben und Tod

Seit meiner Geburt ist die durchschnittliche Lebenserwartung in Frankreich um rund vierzig Prozent auf zweiundachtzig Jahre gestiegen. Wie viele von denen, die mich in diesem Moment hören oder lesen, wären gar nicht da, würde nicht die Überlebenskurve so steil nach oben weisen? Aber wo sind die Nörgler von einst? Wie viele Kinder mußten in die Welt gesetzt werden, damit zwei oder drei von ihnen übrigblieben?

Früher starb man jünger, im Krieg oder an Krankheiten, an Armut oder Schmerzen, und das war auch viel besser. Warum? Es war besser, weil damals bei der Heirat die Eheleute sich ewige Treue für durchschnittlich fünf Jahre schworen, während die Statistik sagt, daß sie dies heute für mehr als fünfzig Jahre tun: Ehekerker!

Und besser war es auch, weil es, wie bei Balzac oder Dickens nachzulesen, junge Erben von dreißig Jahren gab. Wie viele der sogenannten Senioren von heute warten dagegen mit sechzig noch auf das Vermächtnis ihrer Altvorderen, die sich abends einen Kräutertee und im Sommer eine Reise mit dem Club Med gönnen? Besser für sie, keine Frage. Aber es war damals auch darum noch besser, weil die Achtzehnjährigen von einst nicht lange zögerten, dem Vaterland, der alten Rabenmutter, ihr Leben zu opfern, während ihre Pendants von heute es sich zweimal überlegen würden, ob sie ihm wirklich die gut sechzig Lebensjahre schenken, auf die sie noch hoffen dürfen. Kein Militärdienst mehr. Früher, da konnten die Väter noch nach Lust und Laune im Krieg ihre Söhne töten. Aber wo sind sie heute, diese Mörder von einst?

Intensiv- und Palliativpflege

Ich sehe statt dieser Mordlust, sagt Däumelinchen, daß eine geradezu heilige Aufmerksamkeit denen zuteil wird, die in die Vorzimmer des Todes eingetreten sind. Kranke, deren Ende nahe ist, werden auf Intensivstationen behandelt, in denen neueste Technologien mitunter doch noch Rettung bringen. Ich habe dort schon Wiederauferstehungen erlebt, sagt sie bewegt. Unverbesserliche Nörgler bezeichnen solche Wunder des Wissens und der Humanität gern als Therapiewut. Einen von ihnen, der nach zweimonatiger Bewußtlosigkeit und Beinahe-Todeskampf wieder auf die Beine kam, habe ich dem Chefarzt dafür danken hören, jenen Brief nicht geöffnet und gelesen zu haben, den er bei sich trug und in dem er verfügte, in Frieden einschlafen zu wollen. Ein Frieden, ergänzte er, den ihm die Ärzte nun mit diesem zweiten Leben geschenkt hätten. Und wer hätte sich noch vor ein paar Jahrzehnten eine Vorbereitung auf das Ende träumen lassen, wie sie heute in der sogenannten Palliativpflege praktiziert wird?

Zunächst mußten unsere Vorstellungen vom Schmerz sich ändern. Statt uns von einer heroischen und erbarmungslosen Ethik beibringen zu lassen, wie er zu ertragen sei, mußten wir Mittel zu seiner Bekämpfung finden. Man vergißt oft, daß die meisten Morallehren, sei es die jüdische, epikureische, stoische, christliche, buddhistische ..., aus Exerzitien bestanden, die helfen sollten, ein ebenso unabwendbares wie alltägliches Leid zu ertragen. Solche Praktiken liegen heute endgültig hinter uns. Der Schmerz ist kein unvermeidlicher, mitunter zur Prüfung unserer Seelenstärke gar willkommener Begleiter, sondern er ist ein Hindernis, das, wenn möglich, umschifft, überwunden, aus dem Weg geräumt werden will. So begleitet die Palliativpflege den Sterbenden auf jede erdenkliche Weise, indem sie seine Schmerzen durch Beruhigungs- und Betäubungsmittel lindert und indem sie ihn wie seine Angehörigen und Freunde durch psychologische Unterstützung vorbereitet. Selbst das Recht trägt dazu bei, durch Gesetze, nach denen Krankenhäuser über entsprechende Fürsorgeeinrichtungen verfügen müssen. Der harte Todeskampf ist etwas sanfter geworden.

Sauberkeit, Hygiene

Früher machten wir zweimal im Jahr die Wäsche, im Frühling und im Herbst. *Bugado* hieß diese Zeremonie in meiner Sprache, dem Okzitanischen. Für Tages- und Nachthemden, Taschentücher, Bettwäsche und Tischdecken, die sogenannte Weißwäsche also, verwendeten die Frauen Asche, die im Winter im Küchenherd oder Kamin und im Sommer auf den Feldern anfiel, nachdem man die Stoppeln abgebrannt hatte. Die Asche enthielt wohl Kalium. Aus dem Rhythmus dieses halbjährlichen Hochamts ist zu ersehen, daß wir unsere Bettlaken nur zweimal pro Jahr wechselten, ganz wie die Hemden, die wir auf dem Leib, und die Taschentücher, die wir in der Hose trugen. Der Schwall, der sich nach dem Kochvorgang aus dem Kessel mit dem isabellfarbenen, also gelbgrauen, will sagen: widerlichen Wäschehaufen ergoß, sollte *cande* sein. So jedenfalls nannte es meine anspruchsvolle und enthusiastische Großmutter, die Lateinisch sprach, wie es alle taten, und mit dem okzitanischen Wort meinte: strahlend weiß.

Ich kann mich nicht entsinnen, daß der Friseur das Handtuch, das er uns um die Schultern schlug, für jeden Kunden gewechselt hätte. Er beschränkte sich darauf, das schnell grauer werdende Stoffstück beherzt auszuschütteln, und während wir, ohne uns etwas Böses zu denken, auf den Haaren des Vorgängers herumstapften, rief er: Der nächste bitte! Und wer putzte sich morgens und abends die Zähne? Die meisten Hotels hatten kein fließend Wasser und keine Dusche. Ein Wasserkrug für die Waschung und ein Nachttopf im Nachttisch, das war's. Den Topf entleerte man in einen Kübel und diesen wiederum in die *toupine,* ein irdenes Gefäß, das morgens durch die Straßen transportiert wurde. Ende des 19. Jahrhunderts wurde in London die Wasserspülung fürs stille Örtchen erfunden, aber ihre flächendeckende Verbreitung ließ weitere fünfzig Jahre auf sich warten. Früher pißte man, wo es gerade paßte, und kackte überallhin, ein wenig wie in Indien, wo die *open defecation* noch heute praktiziert wird. Chronisten berichten, daß man selbst im Versailler Schloß des 17. Jahrhunderts, des *Grand Siècle*, kaum eine Tür öffnen konnte, ohne den von den Höflingen hinterlassenen stinkenden Unrat fächerförmig auf dem Boden zu verteilen. Infizierte Wunden wurden von unseren Bauern mit Rückständen aus der Spüle versorgt; anscheinend enthielt der Schimmel Penicillin. Schon

1897 hatte ein französischer Arzt namens Duchesne eine Doktorarbeit über den Schimmel als Gegenspieler der Keime geschrieben. Natürlich hatten unsere Landbewohner sie so wenig gelesen wie die Professoren der Fakultät, aber was der fragliche Doktor beschrieb, waren dennoch bloß die merkwürdigen Sitten dieser guten Leute.

In der Chemie theoretisch schon seit Pasteur, also seit dem 19. Jahrhundert, ja zuvor schon bei Semmelweis bekannt, wurde die Hygiene erst lange nach 1950 zur verbreiteten Praxis. In meiner Kindheit sorgte das Magazin *Elle* für einige Aufregung, als es seinen Leserinnen empfahl, täglich ihre Unterwäsche zu wechseln. Hinter vorgehaltener Hand lachten alle darüber, die meisten empörten sich, und der Rest hielt ein solches Ansinnen für undurchführbar. Und doch rührt die Berühmtheit der Zeitschrift von diesem Aufruf her, der Bonapartes berühmte Weisung an Josephine – »Bin bald zurück, hören Sie auf, sich zu waschen!« – ein für allemal umkehrte. Hätte es doch für die stinkenden Männer jener Zeiten ebenfalls ein solches Blatt gegeben!

Die Statistiken sagen, daß mit der rasch einsetzenden zivilen Verbreitung der Hygiene die Lebenserwartung stieg. Davor hatten wir unter der Herrschaft Isabellas gelebt.

Frauen

Früher starben die Frauen am Kindbettfieber, weil Geburtshelferinnen sich nicht die Hände wuschen. Im Laufe meines langen Lebens ist ihre Sterblichkeitsrate, wie die der Neugeborenen, auf beinahe null gesunken. Diejenigen Frauen, die das Geburtsdesaster überlebten, waren seinerzeit den Männern rechtlich nicht gleichgestellt, hatten kein Wahlrecht und kein Scheckbuch bei der Bank, durften keine Kirche betreten, ohne ihr Haupt zu bedecken, und mußten für alle möglichen Dinge erst die Erlaubnis des Ehemanns einholen.

Einige wenige Heldinnen studierten oder kämpften für Rechte, die den Männern als ungehörig galten. Auf Marie Curie, deren Genialität als Physikerin und Chemikerin ihr zwei Nobelpreise einbrachte, wartete nach dem Tod ihres Mannes ein harter Leidensweg, weil irgendwelche Zeitungen ihr vorwarfen, sich einen Liebhaber zu halten. Ich kann mich nicht entsinnen, daß man den Mann zur Rechenschaft gezogen hätte. Mit unserem Machogedächtnis neigen wir dazu, solche leidbringenden Ungerechtigkeiten zu vergessen. Wenn ich mich recht erinnere, wurde Edith Cresson, die spätere Premierministerin, von den französischen Zeitungen nicht besser behandelt. Unsere Geschichtsbücher verbreiten noch immer die Unwahrheit, daß unser Land, das in diesem Punkt an Bewußtseinstrübung leidet, sich seit mehr als einem Jahrhundert des allgemeinen Wahlrechts erfreue. Allgemein-männlich, versteht sich.*

Ja, unsere Gefährtinnen hatten es früher besser. Im Morgengrauen aufstehen, um mit Holz oder Kohle den Küchenherd zu befeuern, eine gute Stunde bevor das Wasser für den Kaffee heiß sein mußte; das Huhn töten, rupfen und vor dem Braten ausnehmen, die Mahlzeiten zubereiten, Geschirr spülen, die Speisekammer verwalten, den Fliesenboden reinigen, zwischen zwei Fläschchen für den Jüngsten, nicht zu vergessen die Kinderkrankheiten seiner Brüder und Schwestern ... Die Liste der Haushaltsverrichtungen, die schwer auf den Schultern der Mütter und Töchter lasteten, ließe sich ins Unendliche fortsetzen.
Daran kann Däumelinchen sich kaum noch erinnern.

Männer an die Arbeit

Für die Männer war körperliche Arbeit die Regel, im Freien. Schaufel, Hacke, Axt, Pickel, Sense. Während des Krieges erhielten sie Lebensmittelkarten für Schwerarbeiter. Keine Mechanik, um Lasten zu heben, kein Motor, um es ihnen etwas leichter zu machen, nein, al-

* Im Jahre 1945 waren Frauen in Frankreich zum ersten Mal stimmberechtigt, zunächst bei den Kommunalwahlen, dann bei den Wahlen zur Nationalversammlung (Anmerkung des Übersetzers).

les mußten wir mit dem Bizeps erledigen und mit gekrümmtem Rücken. Ich erinnere mich an das Aufstehen um vier Uhr: Zwischen fünf und sieben, vor der Jause, sollten wir die zwei Zehntonner und den großen Zwanzigtonner mit Sand, Schotter oder Bruchsteinen beladen. Zu dritt oder zu viert, einer auf jeder Seite des Lasters, der dritte dahinter. Für Sand und Schotter nahmen wir die Schaufel, für Bruchsteine die neunzinkige Grabgabel. Um die Mittagszeit kamen die drei Laster zurück, und wir fingen von vorn an. Manchmal griff uns der Fahrer unter die Arme. Zwanzig Jahre später, welch ein Segen, sorgte ein Förderband dafür, daß die Schaufel mit ihrem Gewicht nicht mehr über den Kopf gewuchtet werden mußte, sondern auf Bodenhöhe blieb. Das Paradies. Weitere zwanzig Jahre später krähte kein Hahn mehr nach Schaufeln und Grabgabeln, die hinter der Garage verstaut wurden. Auf den Werften und Bauplätzen waren jetzt Traktoren und Bagger unterwegs. Selbst die Spitzhacken mußten den Preßlufthämmern weichen. Das Superparadies. Bloß für die Ohren nicht. Der Lärm ersetzte den Schweiß.

Früher hatten wir als Berufsschiffer, die sich mit stürmischen Gewässern auskannten, von Hydrodynamik oder Strömungsmechanik selbstredend keine Ahnung. Unsere Steine konnten wir auch ohne Geologiekenntnisse auseinanderhalten, und wir brauchten keine Kristallographie, um sie ihrer Bruchlinie entlang zu spalten. Wir sagten die Hochwasser im März und April nicht unzuverlässiger vorher als die Experten in Meteorologie, ein Wort, das wir nicht einmal kannten; wir wußten mit dem Brecheisen umzugehen, ohne je von Materialwiderstand gehört zu haben, wir lernten Zugpferde an und kannten sämtliche Fische des Flusses, Maifische und Äschen, beim Namen, ohne Kenntnisse in Naturgeschichte oder Biologie zu besitzen; wir zündeten Brennkraftmaschinen, ohne uns mit Thermodynamik auszukennen, und brachten unsere Hebekräne in Stellung, ohne ausgebildete Statiker zu sein.

Mangels Beherrschung theoretischer Grundlagen und ihrer möglichen Anwendungen hatten wir früher tagein, tagaus mit Pannen, Zusammenbrüchen und Unfällen aller Art zu kämpfen. Ständig mußten wir etwas reparieren und für unsere Fehler zahlen. Den Preis der Unwissenheit habe ich schmerzlich erfahren müssen. Wer aber die Verachtung des Intellekts zur Schau trägt und gleichzeitig, wie jeder andere auch, seine Probleme zu lösen versucht, der möge es mit der Unwissenheit von früher versuchen.

Theoretisches Zwischenspiel. Sehr viel später, als ich Absolventen der École normale supérieure auf die Abschlußprüfung vorzubereiten hatte, hörte ich ein Referat, hochabstrakt, vorgetragen von einem jungen Gelehrten, der als kommender Star galt, über den Unterschied zwischen einem Handarbeiter und einem

Kopfarbeiter. Damals regierte in diesem ehrwürdigen Haus unangefochten der Marxismus, und der Student zitierte die obligatorischen Geistesgrößen, Stalin, Mitschurin, Mao ... In der Diskussion gab ich eine ganz einfache Sache zu bedenken, wodurch ich den Unmut des angehenden Theoriehelden auf mich zog: Der Handarbeiter wäscht sich die Hände vor dem Pissen, der Kopfarbeiter danach. Die Aktivisten und ihr Lehrer Althusser hatten nicht die geringste Ahnung von der Wissenschaft, und sei es von der Ökonomie, was sie jedoch nicht daran hinderte, die schon etwas ältere Quantenmechanik ebenso wie die jüngere Biochemie vehement als nichtproletarische Wissenschaften zu verurteilen. Und nicht nur das. Als Bürgerliche aus gutem Hause hatten sie fast nie ihre Hände im Ölschlamm oder im Dreck gehabt. Ich habe also das Zeitalter der Finsternis auf den obersten Etagen des Wissens kennengelernt.

Theoretisch waren das früher doch gute Zeiten.

Müllhalde der Werkzeuge

Ich komme hier auf die Unwissenheit zurück, gewiß, aber auch auf die Wissenschaften der damaligen Zeit. Denn den Schaufeln und Spitzhacken auf den Rieselfeldern folgten andere Werkzeuge. Und doch, wie stolz war ich nicht seinerzeit auf meinen Sextanten!

Oben auf der Brücke maßen wir, das heißt Großvater und ich, am Mittag die Sonnenhöhe und in der Dämmerung den Höhenwinkel eines Sterns. Zurück im Kartenraum, wälzten wir die Logarithmentafeln und widmeten uns komplexen Berechnungen, die uns im Näherungsverfahren nicht zur Gewißheit, sondern zu einem bloß wahrscheinlichen Ergebnis führten. Von einem Fehler zum nächsten leiteten uns unsere Berechnungen, welch Glück, in den sicheren Hafen.

Heute ziehen die Däumlinge, ob Schiffsjunge oder Admiral, ihr GPS zu Rate, das ihnen augenblicklich ihre Position verrät, wo immer sie sein mögen, mit quasi unendlicher Präzision. Sie verirren sich nicht, zumal sich mitunter zu dieser Karte, deren Schema sich in Echtzeit über die Gegend legt, zu Land oder auf dem schönen Meer, eine Stimme gesellt, die ihnen freundlich rät, links oder rechts abzubiegen, wenn sie nicht auf dem rechten Weg sind. In den Müll mit dem Sextanten, mitsamt Schaufel und Spitzhacke. Kein Grund mehr, sich in veralteten Berechnungen zu verheddern.

Neben Schaufel, Spitzhacke und Sextant finden sich auf der überbordenden Müllhalde zahllose andere nutzlos gewordene Werkzeuge, fast alle Zeugen alter Handwerksberufe, die enorme Muskelkraft erforderten. Da sind, in einem Berg von Abfällen, Bruchstücke von Kurbeln in allen Größen: um Autos zu starten, Kaffee zu mahlen, Püree herzustellen, die Federn des Schallplattenspielers oder des Weckers aufzuziehen. Da sind der Anrufbeantworter und die Klinkenstecker, mit denen die Telefonistin die Verbindungen herstellte; die Scheren, mit denen der Sattler das Leder zerteilte und zuschnitt; die Zangen, mit denen der Schmied rotglühende Hufeisen fixierte, daneben Hammer und Amboß; die Ampullen für die Pockenschutzimpfung; die Schreibfeder des Offiziers mitsamt dem Tintenfaß, das in eine Vertiefung im Schreibpult paßte und uns Finger und Seiten voller Tintenflecke bescherte; der Kohleeimer, den wir aus dem Keller in die Wohnung schleppten; das Mieder der Milchhändlerin und der Zylinder ihres Kunden; der hölzerne Klauenstand, in dem die Rinder zum Hufbeschlag und zur Hufpflege fixiert wurden …

… und dann ist da der virtuelle Papierkorb, in den die demnächst abgeschlossene neunte Auflage des Wörterbuchs der Académie française die vorhergehende Auflage verbannt, die sie um 28 000 Wörter erweitert. Über die Jahrhunderte hinweg, und das schon seit Richelieu, nahm die Anzahl der Wörter von einer Auflage zur nächsten nie um mehr als drei- oder viertausend Wörter zu. Von Generation zu Generation blieb die französische Sprache relativ stabil, doch jetzt, zwischen unserem greisen Nörgler und den Däumlingen, wird sie mit einem Mal auf den Kopf gestellt. Wen wundert es da noch, daß es den beiden schwerfällt, sich zu verständigen? Werden wir bald eine Sprache sprechen, die von jener, die ich auf dieser Seite verwende, so sehr abweicht wie diese vom Altfranzösischen mittelalterlicher Chronisten? Wie die unsere, so durchlaufen derzeit alle Sprachen dieser Welt, ohne Ausnahme, den gleichen Phasenwechsel, von dem auch die neu auftauchenden und wieder verschwindenden Berufe, Materialien, Werkzeuge nicht unberührt bleiben.

Wäscherinnen und Waschkübel

Wir hoben die Steine der Garonne aus, flußabwärts des Pont de Pierre, im Zentrum von Agen. Das Boot verließ selten die Mitte des Flusses, dessen rechtes Ufer unangefochtenes Hoheitsgebiet der Wäscherinnen war, die mit Holzlatten kräftig auf isabellfarbene Laken einschlugen. Ich bin nicht sicher, ob das Kind, das ich war, alle Wörter verstanden hat, die jene Wäscheklopferinnen mit den vorüberfahrenden Schiffern wechselten, während wir uns in aller Frühe aufmachten, um den Anleger zu erreichen. Beide waren nicht auf den Mund gefallen, sie sollen eine drastische, farben- und sinnenfrohe Ausdrucksweise gepflegt haben; ich muß farbenblind gewesen sein. Die Lehrer an unserer Grundschule jedenfalls benutzten solche Ausdrücke nicht, und mein Bruder und ich arbeiteten nur in den Ferien. Heraufbeschworen von meinen alten Freunden, die sich

mit dem Flußsand und der Weißwäsche abplackten, verklären solche Alltagsszenen die Erinnerung an meine Kindheit – dank Waschmaschinen und Gewässerökologie sind sie glücklicherweise passé.
Nur daß die Garonne – ausgebaggert, aber noch gesund – damals die Wäsche wusch, während sie nun, von den Baggern befreit, selbst verschmutzt ist. Oder nahmen wir es früher bloß nicht so genau mit der Klarheit der Ströme und dem makellosen Weiß der Unterhosen?

Kran

Er stammte aus grauer Vorzeit, unser alter Hebekran. Nach all den Kieselsteincontainern, die er hochgewuchtet hatte, wollte er nicht mehr und wurde zum Sicherheitsrisiko. Auf den Schrott, auch mit ihm. Unser Branchenblatt vermeldete, daß der Hafen von Bordeaux ein Kontingent veralteter Kräne auszutauschen gedachte, die vom Entladen der Frachtschiffe abgenutzt waren. Aber selbst ein Kran, der in der großen Stadt und bei den großen Seeschiffen so lange im Einsatz gewesen war, ging für unsere Süßwasser-Sandgrube noch als neue Verlobte durch. Bei der Versteigerung ergatterten wir sie, *la grue*, den Kran, prächtig, hoch aufragend, mit einem atemberaubenden Ausleger, ein Traum. Aber die Schöne mußte vom Hinterhafen bis zu unserer Anlegestelle transportiert werden, über eine Strecke von zweihundert Kilometern.

Mit der Unterstützung eines Experten vor Ort, der Pantaleone genannt wurde und durch seine ledrigen Hände auffiel, brauchten wir acht Tage, um sie in vier Teile zu zerlegen: den Sockel mit den Stahlstreben; darüber das holzverkleidete Führerhäuschen mit Motor, Krankabine und Steuerung; das Gegengewicht am Hintern, voll mit Eisenabfällen, aus denen die Rostbrühe lief; und schließlich den Kranausleger, langgestreckt, elegant, filigran, beweglich, an den Enden spitz zulaufend. Die ersten drei Teile ließen sich mit einem Tieflader leicht transportieren, aber der Ausleger …

Unser Vater fühlte sich nicht zuständig … Den Sockel und die Krankabine fuhr er zwar über die Route nationale nach Hause – so stolz, als sei er mit einer fürstlichen Wagenkolonne unterwegs. Uns ließ er mit einem Simca Aronde und einem schweren Kippsattelzug, Marke Willème, am Hafen sitzen. Für hundert Sous und den Aperitif fand sich Tiburce auf dem Nachbarkran bereit, die gezackte Nadel auf den Laster zu hieven und uns zu helfen, sie ordnungsgemäß zu verzurren. Vorne ragte sie weit über den Kühler, hinten selbst über den Kipper hinaus, wie der Schwalbenschwanz des Fracks über den Hosenbund des Bräutigams. Wie wir rasch merkten, war bei der kleinsten Kurve der Wendekreis so groß, daß es uns wegen des Verkehrs, des Menschengedränges und der Polizei ganz ausgeschlossen schien, tagsüber durch Bordeaux zu fahren. Gegen zwei Uhr morgens, nachdem die Straßen sich geleert hatten, verließen wir die Hafenmole. Ich gestehe, daß wir die eine oder andere Straßenlampe beschädigt, ebenso viele Mauern geschrammt und prächtige öffentliche Gebäude gestreichelt haben. Auf manchen Plätzen mußten wir wieder und wieder ansetzen, um durchzukommen. Bei Anbruch der Morgendämmerung ließen wir Bordeaux hinter uns, ohne großes Aufsehen erregt zu haben. Wir wechselten uns alle paar Stunden am Steuer ab, der eine lenkte den Zwanzigtonner, der andere fuhr mit dem Simca voraus, um den Weg für das Ungetüm freizumachen. Wenn ich nicht irre, gab es damals keine gesetzlichen Vorgaben für das, was man heute Sicherheitsvorkehrungen oder einen Schwertransport nennt. Kein Gesetz, und kein Polizist in Sicht, jeder war auf eigenes Risiko unterwegs, frei, ich meine verrückt.

Wir waren zwanzig Jahre alt und wie im Rausch. Der Ausleger, schwer wie eine Eiche, aber beweglich wie ein Schilfrohr, schwankte abhängig von der Geschwindigkeit und den Unebenheiten der Fahrbahn hin und her. Mehr als einmal hätten wir ihn fast verloren, da er sich wie eine riesige Feder verhielt, deren Launen sich unmöglich kontrollieren ließen. Um die Route nationale zu vermeiden, nahmen wir eine weniger befahrene Straße durch die Forêt des Landes. Unser Konvoi riß das Laub von den Bäumen, und immer wieder mußten wir die Enden des Auslegers von Ästen befreien, die er abgemäht hatte. Ich erinnere mich an Dörfer, in denen es zwischen Geschäften und Bistros hindurchging und wo die von den holprigen Straßen verursachten Ausschläge dazu führten, dass die Eisenabfälle aus dem Gegengewicht des Krans sich über Zecher und Schaulustige zu ergießen drohten, die unsere Prozession bewunderten.

Mit weniger als fünf Kilometern in der Stunde dauerte die Reise, alles in allem, drei Tage und zwei Nächte. Verstört, ausgehungert, übermüdet, aber auch erleichtert und stolz kamen wir heim. Der Vater stellte keine Fragen. Er ließ die Schöne aus Bordeaux an unserem Garonnekai wieder aufrichten. Wenn sie sich von nun an sanft um ihre Achse drehte, einen Sandbehälter am Ende des Drahtseils schwingend, wie Madame mit den Fingerspitzen die Handtasche konnte ich nicht zusehen, ohne daß mir jener Transport der Angst wieder deutlich vor Augen stand.

Ich war damals im ersten Jahr an der École normale supérieure eingeschrieben, wo meine philosophischen Studien sich Plotin, dem griechischen Mystiker, und Husserl, dem deutschen Denker, widmeten, in dessen Rätselbüchern ich kein Wort verstand. So war ich hin- und hergerissen zwischen Blaumann und Sorbonne, den Steinen und dem Transzendentalen, dem Härtesten und dem allzu Weichen.

Einige Zeit später, ich lag als angehender Marineoffizier im Hafen von Dschibuti, sollte ich ohne jedes Hebezeug einen Schiffspropeller von gewaltigen Ausmaßen in den Laderaum unseres zerbrechlichen Landungsbootes verfrachten. Ich bereitete gerade das Manöver vor, als der Bootskommandant aus seinen Gemächern kam, mich von oben herab anschaute, um laut zu verkünden: »Spiel nicht den Intellektuellen, die Taue hoch!« – und wieder verschwand. Keiner schenkte diesen Worten Beachtung, die Matrosen verstanden gar nicht, an wen sich die feinsinnige Ansprache richtete. Nachdem der Propeller verstaut und ordnungsgemäß in der Bilge festgezurrt war – denn seine extrem spitz zulaufenden Blätter hätten die Schiffswand durchstoßen und das Schiff zum Sinken bringen können –, fragte der Kommandant, wen er dazu beglückwünschen dürfe, das heimtückische Biest gezähmt zu haben. Ich blickte empor zu einem Himmel, der von unsterblich machender Ambrosia erfüllt war, und antwortete: »Zu Befehl, Herr Kommandant, wir haben ihn hochgehievt, Gott hat ihn bezwungen.«
Seither habe ich auf riesigen Werften, Brücken oder Staudämmen Hebezeug von solchen Ausmaßen gesehen, daß ich mich fast schäme, von so archaischen Zuständen zu berichten.

Herr der Fliegenmaske

Noch eine Prahlerei aus guten alten Zeiten: Ich stamme von einem Edelmann ab. Einer meiner Urgroßväter, ein Ausbund an Erfindergeist, wurde von seinen landbestellenden Standesgenossen König der Fliegenmaske genannt. Wer kann sich darunter noch etwas vorstellen? Die Ochsen, die unter dem Joch liefen, konnten die Fliegen nicht von ihrer Schnauze verscheuchen, weder mit dem Schwanz noch mit den Ohren und auch mit der Zunge nicht wirklich, obwohl sie lang genug war, um die Nüstern zu erreichen. Die armen Tiere litten also unter den tückischen Insekten, die sich in Scharen auf Augen und Schnauze tummelten, da keinerlei Hindernis ihren Flug störte.

Der besagte Edelmann hatte sie gar nicht erfunden, die Fliegenmaske, ein stark durchbrochenes Gewebe, das an den Hörnern befestigt wurde und vor der Schnauze hing, während der Ochse, dessen Kopf unter dem Joch stillgestellt war, den Pflug oder Karren zog. Die Fliegen kamen nicht durch die kleinen Löcher dieses Netzes, das die Sicht der Ochsen unbeeinträchtigt ließ. Er hatte die Fliegenmaske nicht erfunden, aber er kam auf den Gedanken, sie kostengünstig fertigen zu lassen, sagen Sie meinetwegen *low cost*, wenn Sie *in* sein wollen. Er sicherte sich ganze Wagenladungen der Abfallprodukte von Spinnereien im Norden und schickte sie mit dem Zug in die Strafanstalt der Île de Ré, wo eine von ihm erfundene Webmaschine schon auf sie wartete. Die Reste der Garnhersteller waren kostenlos, die Zwangsarbeit der Häftlinge war es auch. Mitunter fanden die Häftlinge Gefallen an der Arbeit und schickten Gewebe zurück, die mit prachtvollen Mustern verziert waren. Ja, es waren die kunstvollsten Fliegenmasken darunter, wahre Meisterwerke des Geschmacks ... Mit diesen reich geschmückten Quadraten überzog er also das ländliche Frankreich. In Montaigu-de-Quercy, im Département Tarn-et-Garonne, wurde mein Vorfahre zum König. Ich war stolz, einer der Nachfahren dieses Herrn nicht der Fliegen, aber der Fliegenmasken zu sein. Er war für dortige Verhältnisse reich, er wurde geachtet, gefeiert, gesucht, beweihräuchert.

Nicht lange, leider, zur bitteren Enttäuschung der Erben. Der Traktor verbannte den alten Hakenpflug, den die mit durchsichtigen Masken ausstaffierten Ochsen gezogen hatten, von den Feldern. Dort sah man nun die Bauern auf ihren Maschinen entlang der Furchen spazierenfahren, mühelos, Musik hörend, in ihren Kabinen vor Wind und Wetter geschützt. Wirtschaftlich ruiniert, tollten mein Bruder und ich unsere ganze Kindheit lang auf Bergen unverkaufter, nutzloser Fliegenmasken herum, die sich im Stammhaus des gefallenen Prinzen häuften.

Wie groß war mein Erstaunen, als ich später sah, wie die Australier durchsichtige Schleier an die Mütze oder Hutkrempe heften, um ihr Gesicht vor den zudringlichen Quälgeistern zu schützen.

Der Bauernrücken

Früher wurde also der Pflug von zwei Ochsen gezogen. Mit einer Hand mußte man auf den Pflugsterz drücken und die Schar möglichst gerade entlang der Furche bewegen, mit der anderen Hand das Ochsenpaar führen und ihm mit dem Stachelstock in den Hintern piksen. In der gleichen Furche mußten wir auch auf den Knien Kartoffeln aufsammeln. Wir jubelten fast, wenn wir im Herbst Pflaumen oder Birnen ernten durften, die hoch an den Ästen hingen, so daß wir uns wieder aufrichten konnten. Seit Urzeiten litten all meine Vorfahren an Rückenschmerzen, ganz wie mein Vater, meine Mutter und ich. Die Erde liegt tief, tiefer noch als die Füße, man muß sich bücken und beugen, biegen und krümmen, um sie zu bearbeiten. Ja, früher, da wimmelten die Felder von Bauern und Bäuerinnen, vornübergebeugt oder kniend, als wollten sie der Göttin Erde huldigen. *L'Angelus* von Millet, Sonntagsmaler und Maler der Stadt, zeigt den Städtern die Bauern aufrecht stehend, gerade lange genug, um drei Ave-Maria zu beten. Den Rest des Tages schrie ihr kaputter Rücken vor Schmerzen.
Viktoria! Sie haben sich schließlich aufgerichtet!

Seit meiner Kindheit hatte ich keine Rückenschmerzen mehr. Es sei denn, ich sitze zu lange vor dem Computer, in Gesellschaft von Däumelinchen. Aber diese sanfte Pein ist kein Vergleich mit der alten, harten Pein, die unsere lehmigen Sandböden und der Pflugsterz bei der Feldarbeit hervorriefen. Früher schwitzte man und kehrte abends geschunden nach Hause zurück. Heute gleichen Jogging, Stretching und andere anglomane Quälereien das Fehlen der Anstrengung aus. Klar, da waren Rückenschmerzen doch viel besser.

Während die Arbeitszeit immer kürzer wird, werden die Blaumänner von einst durch Anzüge ersetzt. Aber die Bauern, wer wird sie ersetzen? Als unser Meckergreis geboren wurde, machten sie mehr als die Hälfte der Bevölkerung aus, bis zu Däumelinchens Geburt war ihr Anteil auf 3,6 Prozent geschrumpft. Hat sie je eine Kuh kalben gesehen, je ein schlüpfendes Küken gehört? Je den delikaten Duft des Mists geatmet? Kennt sie sie noch, die Bauern, unsere *pères nourriciers*, Zieh- und Nährväter der Menschheit?

Internate

Apropos Stallgeruch, das gibt mir die Gelegenheit, meine Internatsvergangenheit zu preisen, die Schlafsäle, das Studium, die Speisesäle. In der Mittelschule in Agen waren wir dreißig, im Gymnasium in Bordeaux sechzig, am Lycée Louis-le-Grand schließlich, im Quartier Latin, Rue Saint-Jacques, mehr als hundert, die wir in einem Schlafsaal schliefen – von den eng beieinander angebrachten Hängematten der Schiffsbesatzungen und den Krankenzimmern, in denen meine Bettnachbarn vor Schmerzen stöhnten, will ich gar nicht reden. Ich besinge also die Waschbecken, Duschen und Klos, allesamt gemeinschaftlich. Nach der Sportstunde oder nach Wettkämpfen, Basketball, Leichtathletik oder Rugby, zu duschen kam freilich nicht in Frage, nein, verschwitzt kehrten wir zu unseren Studien, zu unseren Vorlesungen, in unsere Betten zurück. Die erste Strophe dieses Heldenliedes erzählt also vom Geruch. Er war zum Schneiden im Schlafsaal, kräftig im Speisesaal, in dem sich der Essens- und Spülgeruch mit dem des Achselschweißes verband, und etwas luftiger im Klassenzimmer, wo sich mit den externen Schülern der Duft von Kindern hinzugesellte, die von der Mutter gehätschelt, hübsch angezogen und morgens abgekußt wurden, anders als wir, die wir graue Hemden und häufig auch Holzpantinen zu tragen hatten, ohne Mama und Papa.

Gewiß, eine Freiheit genossen wir, nämlich die, um fünf Uhr früh zu duschen, einmal die Woche. Eine Aufsichtsperson, die den Schlüssel bei sich trug, entriegelte die verschlossene Tür, klatschte in die Hände und brüllte, um uns zu wecken: Dusche! Dusche! Sie können sich ausrechnen, wie viele von uns Helden aufstanden, um halbnackt die drei Höfe zu überwinden, in denen, zumal in den stockfinsteren Morgenstunden von November bis März, kalter Wind, Rauhreif und Glatteis auf uns warteten. Die zweite Strophe meines Heldenlieds würde, verschwiegener, vom ekelerregenden Schrecken der Toiletten berichten, mitsamt den geheimen Verrichtungen, zu denen diese Orte, die übrigens *lieux d'aisance*, Orte der Erleichterung, heißen, die Gelegenheit boten. Aber von edlen Hinterlassenschaften habe ich bereits gesprochen.

Habe ich je in engerer Gemeinschaft gelebt als dort? Nie alleine, außer abends, im Dunkel des Betts, vor dem Einschlafen, inmitten der Schreie, des Schnarchens, des Jammerns, des Krawalls, des Geruchs. Einsam ja, aber nie isoliert. Ich habe dort schreckliche Zeiten der Vereinsamung erlebt, aber auch einige Stunden im Paradies, umfangen von einer wahren Brüderlichkeit, die ich anderswo kaum kennengelernt habe. Sie rührte zweifellos von den Entbehrungen der Zwangsarbeit und der intensiven Freude darüber her, ein solches Leben gemeinsam auszuhalten.

Als ich später an der Santé in Paris unterrichtet habe, verwunderte es mich kaum, daß der Architekt, der das Gefängnis entworfen hatte, auch für den Hof und die Gänge des Lycée verantwortlich war, in dem ich so genußreiche Jahre verbracht habe. Als ich das eine betrat, erkannte ich sofort das andere wieder. Internatsschüler, Gefängnisinsasse.
Drinnen war es doch besser.

Und draußen? In Liverpool in See gestochen, brauchte der Vater meines Schwagers sechs Monate, um Kap Horn zu umsegeln und San Francisco zu erreichen. Sein Schoner, unter Segeln, hatte dreihundert Tonnen Zement geladen, um die durch das Erdbeben von 1906 angerichteten Schäden zu reparieren. Später wurde er, diesmal auf einem Dampfer, wegen einer ausgefallenen Schiffsschraube sechs Monate in einem indischen Hafen festgehalten. Zeit genug für eine Reise in den Himalaya. Als er zunächst wegen des Japanisch-Chinesischen Kriegs, dann wegen des Weltkriegs in Schanghai festsaß, konnte er über zehn Jahre seine Familie nicht sehen. Frau und Kinder, in Frankreich zurückgelassen, lebten vom Notgroschen. Geographische Verwitwung.

Ein Freund, der Obst- und Gemüseexporteur im Département Bouches-du-Rhône war, brauchte in den dreißiger Jahre ganze acht Tage, um nach Edinburgh zu reisen und seine Kunden zu treffen. Mit der Pferdekutsche vom Heimatdorf nach Marseille, Übernachtung, mit dem Zug nach Paris, Übernachtung, mit der Fähre über den Pas-de-Calais, Übernachtung in Dover, London und Edinburgh, wo die schottischen Geschäftspartner ihn seine Expedition zu Pferde beenden ließen, wie er sie begonnen hatte. Wie viele Stunden braucht man heute für dieselbe Strecke?

In den Fünfzigern verließ ich als junger Student Agen, Département Lot-et-Garonne, um halb sechs Uhr abends mit einem *train omnibus*, der an jeder Station hielt, um den Morgen darauf um neun in Paris-Austerlitz anzukommen. Mangels Sitzplatz verbrachte ich die Nacht aufrecht stehend im Gang. Périgueux, Limoges, La Souterraine – ich höre sie noch in meinen Tagträumen, die Ortsnamen, die an den Stationen krächzend aus dem Megaphon schallten. Beim Ausstieg fühlte ich mich frisch wie eine Frühlingsrose, zumal ich, um bessere Luft zu atmen als die von Körpergerüchen schwangere des Waggons, ab und zu das Fenster geöffnet hatte, so daß der Schlot der Lokomotive mir eine volle Ladung Flugasche in die Augen spucken konnte.

Ja, es war alles sehr viel besser.

Kommunikationen

Früher war ich Matrose. Eine Zeitlang lagen wir in einem somalischen Hafen, und ich schrieb meiner Verlobten, die durch ihre Arbeit in Bordeaux festgehalten wurde. Zwei Hafenstädte – sollte das nicht eine schnelle Postverbindung garantieren? Fast einen Monat waren die Briefe unterwegs. Meine Schöne antwortete liebevoll auf meinen jeweiligen Seelenzustand; und ich reagierte anmutig auf ihre entsprechende Gefühlslage. Die Distanz sorgte dafür, daß jeder das zarte und flüchtige Gefühl, das der andere beschrieb, über dem Warten schon oder fast schon wieder vergessen hatte. Jedes unserer Sendschreiben war so auf schwer zu enträtselnde Weise verschlüsselt. Man hätte meinen können, Hermes sei noch nicht geboren.

Vom Wunder des Handys, durch das Seufzer und Geständnisse den Raum schneller durchqueren als das Licht, hätte ich mir damals nicht träumen lassen. Wie groß die Entfernung auch sein mag, die Gefühle entsprechen einander, die Empfindungen werden eins. So wurde aus dieser Übereinstimmung die wahre Liebeskorrespondenz erst geboren, als ich schon die ersten grauen Haare bekam. »Jetzt, *maintenant*, Deine Seele in meiner Hand haltend«, singt in Australien Däumelinchen ihrem Däumling ins Ohr, der in Mantes-la-Jolie die ihre in seiner Hand hält und sie verzaubert. Wo schlummern sie, o Sévigné,* die Mißverständnisse von einst?

Früher lebten wir in einem disparaten und allenthalben zerstückelten Raum. Wir wußten wenig vom Leben auf dem benachbarten Bauernhof, ein paar Einzelheiten aus dem Dorf, praktisch nichts aus der Kreisstadt. Und wie, wenn nicht durch Gerüchte, hätten wir etwas

* Marie de Rabutin-Chantal, Marquise de Sévigné (1626-1696), französische Adelige, die mit ihren Briefen zur Entstehung der Briefkunst als literarischer Gattung beitrug (Anm. d. Ü.).

aus Paris und dem Ausland hören sollen? Die politische Propaganda verschärfte während des Kriegs diesen Kommunikationsabbruch. Ich kenne niemanden, der den berühmten Aufruf de Gaulles vom 18. Juni wirklich gehört hätte. Alle kriegführenden Parteien überschwemmten die Radioübertragungen des Gegners mit Parasiten, mit Störungen aller Art. Jede Nachricht erreichte uns in vernebelter Form. Blieben bloß die Lügen aus der Gerüchteküche. Das Informationsdefizit drängte so manche zu falschen Entscheidungen, mitunter zu Verbrechen – verzeihen Sie also lieber die Unwissenheit, bevor Sie die Böswilligkeit anprangern. Soviel zur Information.

Später mußte ich auf die Entfernung zum Wissen achten. Besser war es, in Paris oder einer Großstadt zu leben, um Zugang zu Bibliotheken, Universitäten, Dokumentationszentren zu haben. Eine Auskunft, ein Zitat konnten tagelange Reisen und stundenlange Recherchen erfordern. Heute reicht ein Klick, eine Zehntelsekunde, und schon hat man das gleiche Resultat. Früher eine Wissenschaft, die hier und dort konzentriert, aber anderswo knapp war, heute die Verteilung eines nahezu überall verfügbaren Wissens.
Ja, Däumelinchen weiß alles. In Form der Information, nicht immer der Erkenntnis.

Früher konzentrierte sich alles. Menschen in Städten, Tonnen von Gold in den Kellern der Banque de France,

Meisterwerke in Museen, Wasser hinter Staudämmen, Erfahrung in Laboratorien, die Kleinen in Schulklassen, die Großen in den Hörsälen von Universitäten, die Öffentlichkeit im Kino, Soldaten in Kasernen, Kunden in Supermärkten, Kranke im Krankenhaus, Waren in Lagern, Abgeordnete in der Nationalversammlung, Führer im Élysée, dem Weißen Haus, dem Kapitol oder dem Kreml … – als ob jeder Bereich seine eigene Währung hätte und diese in separaten Depots gelagert würde. Geld, Waren oder Macht: Heute zirkuliert alles in einem unermeßlichen Verteilungsnetz, in dem jeder auf die Information zugreifen kann. Fluß schlägt Bestand. Information, das heißt das Weiche, hat über Energie, also das Harte, den Sieg davongetragen.
Weniger Konzentration … Wohin wird die Macht sich zurückziehen? In Datenkonzentrationen?

Und als der Meckergreis einfach so weitermachen wollte wie eh und je, ließ er, für astronomische Summen, vier gigantische Türme erbauen, in denen er die Bücher von einst stapelte, ein Gebäude, das jenen Sonnenuhren vergleichbar ist, die astronomisch versierte Maharadschas einst errichtet hatten, ohne zu ahnen, daß hinter dem Horizont, im Westen, ein gewisser Galilei gerade das astronomische Fernrohr erfunden hatte, dessen Genauigkeit jene Sonnenuhren obsolet werden ließ. Es dauerte nicht lange und Affen turnten auf den hohen Mauern und rasch verödeten Wegachsen. Hatte Großpapa seine Verwandten oder vielmehr seine Enkel nicht am Tisch von Wikipedia und anderen Suchmaschinen sprechen hören, die alle gewünschten Seiten jedem schnell und reibungslos auf den heimischen Bildschirm bringen? Hatte der Nörgler Däumelinchen das Wort abgeschnitten? Dabei wohnte sie nicht Tausende von Kilometern entfernt von ihm. Entziffern wir in der Zukunft ein Bild der Vergangenheit: Werden in jenen Türmen an der Seine die Ratten umherspringen, trunken von Büchern, wie einst in Indien jene Affen die Astronomie der Maharadschas verhöhnten?

Lebensmittelherkunft

Bei Tisch, ja, da kamen uns früher nur natürliche, unverfälschte Dinge ins Glas und auf den Teller, sagen die Nörgler. Ah! Die Herkunft! Man wußte, wo die Milch herkam, nämlich aus dem Stall von Grégoire, in dem wir manchmal halfen, Marquise oder Bonnette zu melken, beides Kühe der Rasse Blonde d'Aquitaine. Allerdings hielt der gute Bauer sein Geld zusammen und rief nicht allzuoft den Tierarzt, der Viehseuchen schneller als er erkannt hätte. So bekam ich im Alter von zwanzig Jahren die Maul- und Klauenseuche. Daran stirbt man nicht. Es lohnt sich nicht, ihretwegen Tausende von Rindern zu opfern. Man hat zwei Wochen lang hohes Fieber, während Mund, Zunge, Zahnfleisch und Gaumen sich mit Aphten bedecken, die so schmerzhaft sind, daß Essen und Trinken zur Folter werden. Niemand von uns dachte im Traum daran, Grégoire einen Vorwurf zu machen. Er verkaufte nach wie vor seine Milch in der städtischen Markthalle. Soweit ich weiß, kam es zu keinen nennenswerten Epidemien.

Ah! Die Herkunft! Man wußte auch genau, woher der Schinken kam. Das Schwein war auf Poulères Bauernhof gemästet worden, und wir hatten es im Winter während des jährlichen Cuisine-de-cochon-Festes getötet, an den Hinterläufen aufgehängt, zu Hause, wo seine bejammernswerten Schreie widerhallten. Nachdem der Schinken, auch er aufgehängt, lange Monate im Keller verbracht hatte, brauchte es ein spitzes Messer, um die zwischen Fleisch und Fett sitzenden Maden aufzustöbern und sie, unsere direkten Konkurrenten beim Fleischverzehr, herauszupulen. Wer wollte bestreiten, daß durch ihr Dasein die Biodiversität gewahrt, ja gefördert wurde?

Ah, die Herkunft! Was das Brot anbelangte, so wurde sein Mehl aus dem Weizen gemahlen, den wir selbst geerntet und zur Mühle getragen hatten. Eines Morgens, beim Frühstück, habe ich mangels Butter sogar den Priem des Bäckergesellen in meiner Brotscheibe entdeckt. Diesmal beschwerten wir uns bei der Bäckerei. Der alte Kneter schüttete sich aus vor Lachen: »Ihr habt doch keine Ahnung! Bei der Ofentemperatur werden Keime, wenn ich welche habe, und davon gehe ich schwer aus, von der Hitze umgebracht. Meinen Tripper werdet ihr euch nicht holen.«

Mindestens sechsmal im Jahr hatten wir in der Familie Durchfall. Während des Kriegs und auch nach dem Waffenstillstand noch ein paar Jahre haben wir Hunger gelitten. Die Makkaroni, die wir als Interne in der Kantine des Gymnasiums aßen, wimmelten von Maden. Ah! Biodiversität!
Früher, da war es besser, reichhaltiger, schmackhafter.

Ah, die Herkunft! In unserer gascognischen Ecke gab es keine nennenswerte Tierzucht. Zum Abschluß des Essens aßen wir darum einen Cantal, der von fahrenden Auvergnaten verkauft wurde, die aus ihrem bergigen und fernen Norden herunterkamen. Überzeugt, daß es nur diesen einen und einzigen Käse gab, nannten wir ihn »Tafelkäse«, also nicht bei seinem Eigennamen, sondern beim Gattungsnamen dieses Milchprodukts. Die normannischen Freunde aßen Pont-L'Évêque, die Savoyarden ihren Reblochon, zweifellos im gleichen Bewußtsein der Exklusivität. Früher blieb, anders gesagt, jeder in seiner Ecke bei seinem Käse.

Ich erinnere mich mit Wonne, wie rasch sich nach dem Krieg andere Sorten verbreitet haben: Fourme d'Ambert, Pyrénées, Cancoillotte, Saint-Néctaire, Pont-L'Évêque ... Der Verkaufsstand des BOF (Beurre, œuf, fromage) glich mit einem Mal einer Landkarte Frankreichs, auf der gleichzeitig mit seinen Untertanen der General de Gaulle – »Wie wollen Sie ein Land regieren, in dem es 258 Käsesorten gibt?« – ihre olfaktorische, kulturelle, unregierbare Vielfalt entdeckte. Der Ehemann von Tante Yvonne, wie seine Frau im Volksmund hieß, schien sich mit der Vielfalt nicht abfinden zu wollen.

»Michel«, rief mein Großvater eines Morgens, fassungslos vor einem Tisch mit Belgiern stehend, »komm schnell gucken, die essen Butter!« Er ereiferte sich angesichts eines Schauspiels, das ihm unerhört schien. Frankreich zerfiel tatsächlich in zwei Teile: Wo die *langues d'oïl* gesprochen wurden, strich man sich Butter aufs Brot, und im Gebiet der *langues d'oc* gab man etwas Öl mit – *ave* – einem Hauch Knoblauch auf die Kruste. Früher hatten wir eine Ethnologie.

Sprachen und Akzente

Dieser Hauch Knoblauch lag uns gewissermaßen auch auf der Zunge. Wir verstanden uns kaum, weil uns so viele Sprachgrenzen im Weg standen, wie es auf jener Karte verschiedene Käse gab. In der Nähe von Château-Thierry geboren, fragte mein Freund Philippe, der aus der Champagne gekommen war, um mich zu besuchen, zigmal nach dem Weg, ohne sich verständlich machen oder die Antwort verstehen zu können. Und, wohlgemerkt, die Gesprächspartner bei diesen Dialogen sprachen Französisch. Auf der Karte unserer Départements beschrieben die Akzente ein solches kakophonisches Chaos, daß etwa das Jura oder die Ardennen für einen Aquitanier mehr oder weniger unzugänglich waren.

Wegen meines okzitanischen Akzents habe ich mehr Demütigungen hinnehmen müssen als ein Irokese auf persischem Boden oder ein Afrikaner mitten im *Deep South*. An der École navale, der französischen Marineschule, brach bei der mündlichen Prüfung, bei der man laut und deutlich sprechen sollte, um mich herum ein unbezähmbares Gelächter aus, das der prüfende Arzt absichtlich dadurch am Leben hielt, daß er mich unermüdlich wiederholen ließ: *quarante*. Bei der *agrégation*, der Zulassungsprüfung für das Lehramt an höheren Schulen, wurde meine Note heruntergesetzt, nachdem der Präsident der Prüfungskommission, ein namhafter Philosoph, zu bedenken gegeben hatte, daß man mich nicht im gesamten Einzugsgebiet einsetzen könne. Ich bezweifle nicht, daß er recht hatte, denn wir verstanden einander tatsächlich nicht. Als ich in der Auvergne meine erste Lehrerstelle antrat, dachten die Schüler insgeheim, ich sei Italiener. Und bevor ich in Paris irgendwo an einen Schalter trat, bei der Post, bei der Bahn, beim Theater, mußte ich lange üben, die Wörter mit genügend *francité* auszusprechen, um sicher sein zu können, daß man meinem Anliegen nachkam, ohne sich vorher vor Lachen auszuschütten. Wer von einem Großbritannien oder von einem Italien ins andere wechselt, wird es in London, Cardiff oder Edinburgh, in Mailand oder Brindisi genauso halten. Ich bin mir nicht sicher, ob ein *beur*, ein Franzose mit nordafrikanischem Migrationshintergrund, oder ein afrikanischer oder rumänischer Einwanderer, der über die eigenen Worte stolpert, sich heute gedemütigter fühlt als ich damals wegen jener gesungenen Vokale. Däumelinchen hat ein Ohr, das für Unterschiede offener ist, als es die Opas von damals waren, die sich über meine Sprache ereiferten.

Bei einer Disputation an der Sorbonne mußte ich erleben, wie die Mitglieder der Kommission sich mit den Zuhörern über den Quebecer Tonfall des Kandidaten mokierten, der ganz nebenbei der weltweit führende Experte auf seinem Gebiet war. Der kanadische Gelehrte wurde von den Pariser Herren behandelt wie ein Indianer aus der Prärie. *Speak white*, schrien in Kanada die Anglophonen den Frankophonen ins Gesicht. Mein Freund von der Universität Laval wurde in Paris, schlimmer als ich, ebenso gedemütigt wie bei sich zu Hause. Das Fernsehen hat das wegretuschiert. Die Mode hat beschlossen, vom Tonfall Quebecs und der Gascogne weniger peinlich berührt zu sein.

Kleider und Schlafgewohnheiten

Von der Stimme zu den Füßen, nämlich zu unseren Schuhen. Früher wurden Ferse und Knöchel von ihrem harten Leder aufgescheuert. Wochen mußten wir in den Tretern herumlaufen, während sich Blasen, Hühneraugen und Schwielen auf unseren Zehen bildeten, bis sie geschmeidiger wurden. Von den Reichen erzählte man sich, sie ließen ihre Schuhe zwei Monate von Bediensteten einlaufen.
Auch das zählt zu den Errungenschaften der letzten Jahrzehnte, daß alle Kleider weicher geworden sind. Selbst in Wanderstiefeln, einst aus starrem und scheuerndem Plastik gegossen, fühlen sich unsere Zehen inzwischen so wohl wie in gefütterten Hausschuhen. Welcher Zauberstab verwandelte unsere Nickelfüße von einst in Eichhörnchenfellpantoffeln?

Die Betten. Unbeheizt, blieben die Schlafzimmer den ganzen Winter über eiskalt. Zwischen die klammen Bettücher zu kriechen erforderte Heldenmut. Die Bauern meiner Heimat hatten einen schlittenartigen Rahmen aus leichtem Holz erfunden, in den sie ein Pfännchen voller Glut hängten, die aus dem in der Küche unterhaltenen Feuer stammte. O Wunder, man stieg in ein paradiesisch warmes Bett. Der aquitanische Ausdruck für den Vorgang lautete: das Bett mit einem *moine*, einem Mönch, vorwärmen. Warum Mönch? Opa Michel weiß nicht alles.

Das Debakel der militärischen Niederlage gegen die Deutschen hatte Einwohner der von den *langues d'oïl* geprägten Landstriche, Picarden oder Elsässer, in den Süden getrieben. Nach dem Waffenstillstand von Compiègne kehrten sie nach Hause zurück. So kam es, daß eine blonde und kultivierte junge Frau eine Eisenwarenhandlung im 6. Arrondissement betrat, um einen Mönch zu kaufen. »Einen Mönch«, schrie entgeistert der zweifellos antiklerikal gesinnte Händler. »Und wozu brauchen Sie den, Mademoiselle?« – »Er soll in mein Bett«, entgegnete sie in argloser Jungfräulichkeit.

Sexualität

Jungfräulich habe ich gesagt. Von da unten sprach man früher nie. Tabu. Wenn sich einem der Magen umdrehte vor Übelkeit, mußte man sagen, man habe *mal au cœur*, wörtlich Herzschmerzen; und Mitte des Jahrhunderts entdeckten unsere Lebensgefährtinnen den Büstenhalter, *soutien-gorge*, und *gorge*, eigentlich der Hals, meinte die Brüste. Um nicht vom Unterleib zu sprechen, wanderten die Worte für Körperteile vom Gürtel nach oben, Richtung Kopf. Alles unterhalb des Magens war Terra incognita. Die Illustrationen naturgeschichtlicher Handbücher zeigten Nackte, zwischen deren Beinen nichts war, oder aber etwas, das von einem Weinblatt bedeckt wurde. Warum der Wein und nicht die Platane oder die Bananenstaude? Es handelt sich um ein Spezialvokabular, das in der Regel dem Argot sowie einigen Kinofilmen, Studenten und Leibgardisten vorbehalten war, teilweise aber zusammen mit anzüglichen Liedern und Geschichten à la Rabelais der Jugend und manchen Schriftstellern als befreiendes Ventil dienen mochte.

In der Stadt und im Schwimmbad begannen die Frauen langsam, sich zu enthüllen. Die meisten heiratsfähigen jungen Männer und Frauen waren bei der Hochzeit von abgrundtiefer Unwissenheit, was diese Sphäre anbelangte. Eine Heldin der Résistance, die für ihre patriotischen Taten so berühmt war, daß eine Straße in Paris nach ihr benannt wurde, von Beruf Lehrerin und im sechsten Monat schwanger, fragte nach Auskunft ihrer Geburtshelferin während des Krieges, welchen Weg das Kind bei der Geburt nehme. Die Expertin sagte ihr, es komme auf demselben Wege heraus, den ihr Mann zuweilen nehme. Sie zeigte sich von dieser Auskunft über die Maßen erstaunt. Man bedenke, daß sie in der Grundschule den Schülern vom kleinen Samenkorn erzählte, durch das die Bäume und der Weizen sich fortpflanzen können. Ein namhafter Gynäkologe berichtete von Paaren, die ihn nach Jahren der Ehe wegen Unfruchtbarkeit konsultierten, aber nach einigen Rückfragen zu erkennen gaben, daß sie Liebe durch den Bauchnabel machten. Sexualerziehung von Schülern schien undenkbar, ja pervers. Und Geschiedene hatten auch keine gute Presse.

Über Vergewaltigung wurde nie gesprochen. Und, wohlgemerkt, wo man es doch tat, war es vor allem die Verfehlung der Frau, über die man richtete, während der Mann alles Recht der Welt hatte, sich weiterhin wie ein Hahn aufzuführen. Zahlen zur Mißhandlung von Heranwachsenden in der Familie sind erst neuerdings veröffentlicht worden. Und es ist auch noch nicht lange her, daß wir mit Entsetzen hörten, daß jeden zweiten Tag eine Frau an den Mißhandlungen durch ihren Ehemann oder Liebhaber starb und wöchentlich zwei Kinder den Schlägen ihrer Eltern zum Opfer fielen. Einmal mehr der Vatermord. Über solche intimen Dramen schwieg sich das Lob der Familie aus.

Vor dem Krieg und noch lange danach wüteten die Syphilis und andere Geschlechtskrankheiten und töteten einen beachtlichen Prozentsatz der Bevölkerung, ohne bekanntes Heilmittel. Sie verbreiteten einen so großen Schrecken, daß all das Schweigen, all die Heuchelei zweifellos auch von ihm herrühren. Aus Angst mußte alles Licht auf die – heilige – Familie und durfte kein Licht auf das – unwürdige – Geschlecht fallen.

Schatten. Die Elektrizität breitete sich nur sehr langsam aus. An der Gare d'Austerlitz konnten die Fahrgäste in den fünfziger Jahren an den Mauern des Quartiers Anschläge lesen, auf denen stand, daß die fraglichen Gebäude mit Licht und Heizung versorgt und ans Stromnetz angeschlossen werden sollten. Vor diesem Ereignis, das oft auf sich warten ließ, herrschten Kälte und Kerzen. Die Reichen leisteten sich Petroleumlampen, die leckten, rußten und einen beißenden Geruch verbreiteten. Wenn wir mit einem Leuchter in der Hand einen eiskalten Flur entlanggingen, flackerte durch den Laufwind die Kerzenflamme und warf Schatten auf die Wand, deren unheimlicher Reigen alle Arten von Dschinns, Elfen, Geister und Masken heraufbeschwor, die bewaffnet aus dem Dunkel traten. Da das sogenannte *siècle des Lumières*, das Zeitalter der Aufklärung, noch von der Kerze erleuchtet wurde, wurden erst mit dem Aufkommen der Elektrizität die Schrecken des Aberglaubens wirklich verscheucht. Wer erinnert sich heute noch an diese langen dunklen Zeiten, die uns doch noch so nahe sind. Meckeropa, der Finsterling?

Häßlichkeit und Schönheit

Zwei oder drei kleine Schritte noch, Großpapa, für mehr Licht. Es hat nicht immer alles nur eine Seite. Werfen wir gemeinsam einen Blick auf die Zufahrtsstraßen zu unseren Städten, den großen wie den kleinen. Einst war der Übergang zwischen Land und Stadt fließend und facettenreich. Noch Gras und Kräuter, aber schon Mauern, noch etwas Weizen, Wein oder Weiden, aber schon Feuerwehrwachen. Der Landbewohner war noch nicht entwurzelt, der Stadtbewohner trat schon auf den Plan, der Lebensraum des einen ging langsam in den des anderen über, beide entspannten sich beim Durchqueren dieser freundlichen, mitunter sogar reizvollen Schleuse. Die von Pau, béarnaisisch, hatte keinerlei Ähnlichkeit mit der elsässischen von Mulhouse, die Zufahrten zu Brest, bretonisch, waren anders als die Einfallstraßen von Agen, in der Gascogne.

Das war früher ganz entschieden besser. Denn inzwischen herrscht an all diesen Orten, ganz gleich in welcher französischen Stadt, ein und dasselbe Grauen. Die Werbung kehrt ihre ganze Schändlichkeit hervor, mit ihren schreienden Farben, ihrer alles verwüstenden Häßlichkeit. Welches unheilige Wunder hat das schöne Frankreich dazu gebracht, sich von der rücksichtslosen und immergleichen Unverfrorenheit der globalen Herren des Geldes entwürdigen zu lassen? Wie kommt es, daß Stadtplaner, Bürgermeister, Architek-

ten, die doch dafür ausgebildet wurden, ein Auge für erhabene Kathedralen und himmlische Landschaften zu haben, so rasch den raffinierten Geschmack ihres Landes vergessen haben, um sklavisch Scheußlichkeiten amerikanischer Herkunft nachzuahmen? Wie kommt es, daß nie eine vernünftige Menschenschar sich bereit gefunden hat, diese Schändlichkeiten in heiligem Zorn niederzureißen? Mit der Sprache und der Herrschaft des Zasters haben wir den schlechten Geschmack importiert; und unser Schönheitssinn mußte einen herben Schlag einstecken.
Ja, Opa, *das* war früher wirklich besser.

Ich ergreife die Gelegenheit, um von Yvette zu erzählen, meiner guten Freundin aus Jugendtagen. Sie wohnte im Quartier Valence, neben den Mietskasernen, anders gesagt: dem Elendsviertel. Ihre Mutter wusch Wäsche in der Garonne, ihr Vater hatte sich davongemacht. Die besseren Familien hielten sich von diesen Orten fern, in denen drei Wohnungen sich einen Kochtopf teilten. Zwanzig Jahre später hatte sich Yvette aus dem Elend befreit, einen Lastwagenfahrer geheiratet und verbrachte die Ferien in Mimizan, am Atlantik, mit den Kindern. Eines schönen Morgens begegneten wir uns, und nach einigen mehr als freundschaftlichen Küßchen kam sie auf die alten Zeiten zu sprechen: »Einverstanden«, sagte sie, »es gab nicht jeden Tag Dessert, aber, Michel, erinnere dich doch, wir lebten zusammen.« Zusammen. »Ja, wir gaben uns Halt, und wir unterhielten uns den lieben langen Tag. Jetzt leben wir allein.« Und Yvette brach in Tränen aus. Ja, Opa, früher kannten wir Gemeinschaften, chaotisch, großmäulig, mit löchrigen Unterhosen und Kleidern, aber sie boten eine Geborgenheit wie Bruderschaften.

Wir sprachen miteinander, während wir warteten

Ständig haben wir früher gewartet. Auf die Ernte, den Frühling, den Regen, die Weinlese, auf die Post, auf die Rückkehr dessen, der in See gestochen war und von dem niemand Nachricht hatte, nichts kam jemals, weder Heilung noch Sättigung. Zum Glück lasen wir lange, mehrbändige Romane, in denen die Heldin, auch sie, auf die Liebe wartete. Aber, wenn ich es recht bedenke: So wahr es ist, daß Madame Bovary in der Wirklichkeit zehnmal weniger Liebe machte als im Virtuellen ihrer Träume und Erwartungen – geht es nicht jedem menschlichen Wesen so? Sind wir etwa nicht virtuell in drei Vierteln unseres Handelns?

Wer kann sich noch vorstellen, wie sehr wir damals gewartet haben und vor Geduld vergingen? *Longitudine dierum replebo eum*: Mit der Länge der Tage will ich es erfüllen, das Leben. Wer kann noch ermessen, was Religionen, Kulturen, Literaturen, Dichtungen, Moralen, Philosophien, ja, sie alle … dieser endlosen Schwebe des Wunsches verdankten? Frustration, sagen Sie? Wer weiß heute, was es wirklich bedeutet, wenn wir in Echtzeit zu jedem Ort, jeder Person, jeder Information Zugang haben, wer weiß die Augenblicklichkeit jeder Kommunikation und, zuweilen, der Erfüllung wirklich zu schätzen?

Die Medien

In der Marine erzählte man sich, daß Monsieur Escartefigue, seinerzeit Bürgermeister von Toulon, den Eiffelturm gekauft hatte, Stück für Stück, nachdem die Weltausstellung vorüber war und man sich anschickte, ihn zu demontieren. Er plante, ihn auf dem Gipfel des Mont Faron, weit über dem Meer, wieder aufzubauen – stellen Sie sich nur vor, wie hoch dieser Turm und wie groß die Reichweite seines Leuchtfeuers gewesen wäre! Aber das Radio, das noch in den Kinderschuhen steckte, brauchte einen hoch aufragenden Mast für die Übertragung seiner Wellen. Darum sprach sich die Regierung gegen das maritime Projekt aus. Der Turm blieb, zum tiefen Verdruß einiger Leute, die sich etwas auf ihren Geschmack zugute hielten und ihn gern hätten verschwinden sehen, in voller Größe in Paris und wurde zum Emblem der Hauptstadt, ja fast schon ganz Frankreichs.

Wenige Sender stromaufwärts oder auf dem Gipfel, viele Empfänger stromabwärts oder am Fuß des Berges: Die Übertragung der Wellen, der Nachrichten, der Kommunikation im allgemeinen nahm haargenau die Form des Eiffelturms an, sie gehorchte dem Schema der Machtpyramide. Geschrieben, visuell oder gesprochen, die alten Medien verbreiteten sich allesamt, und das tun sie noch immer, strahlenförmig: Der beschränkte Kreis derer, die etwas kundtun, steht der größeren Zahl sitzender Hündchen gegenüber, die der Stimme ihrer Herren lauschen. So spielt dieses Modell einer Inbesitznahme der Information an der Quelle und der Bildung einer Interessengruppe in die Hände, die um ihres Profits willen über diese Übertragungsart wacht. Sie begünstigt also eher die Macht als die Erkenntnis. An diese vierte Gewalt gekettet, ja, das ist das passende Wort, ihr unterworfen, von ihren ständigen Wiederholungen formatiert, begannen wir sie am Ende zu fürchten, mitunter auch zu hassen.

Däumelinchen verabschiedet sich davon. Denn fortan ist sie, bin ich, bist du, sind wir, seid ihr Sender so gut wie Empfänger. Die Basis des Eiffelturms gewinnt dieselbe Dignität wie seine Spitze, die eines Tages, auf den wir alle hoffen, verschwinden wird. Wir werden, zum Glück, nicht mehr auf diese Weise bauen. Wir werden unsere Beziehungen so wenig wie die Gesellschaft noch so denken. Wir glauben nicht mehr an diese überkommene Politik, und wir glauben nicht mehr

an diese alten Institutionen, die so unverwüstlich sind, daß ihre formale Struktur sich von den ägyptischen Pyramiden bis zum Eiffelturm keinen Deut verändert hat – und sie unter dem republikanischen Anschein stets tyrannisch geblieben sind.
Die Demokratie macht Fortschritte; oder besser: Wird sie geboren werden?

Da capo: Rückkehr zum Politischen

Ich spreche von den Republiken von einst, sagt Meckeropa, die noch Freiheit geatmet haben. Vergleiche sie, antwortet Däumelinchen, mit jetzt, *maintenant*, mit der Echtzeit, die dieses Adverb in der französischen Sprache so gut zum Ausdruck bringt, weil es sagt, daß ich dieses *présent*, diese Gegenwart, dieses Geschenk, letztlich in meinen Händen halte: »*Maintenant*, die Welt in Händen haltend«, sagt sie und schwenkt ihr Handy.

Wer hätte früher, fragt sie, eine solche Ansage machen können? Augustus, Herrscher von Rom, das Großmaul, dem Corneille die Worte in den Mund legt: »Ich bin Herrscher meiner selbst wie des Universums«? Der Sonnenkönig, in Versailles? Irgendein Tyrann im Kreml, irgendein steinreicher Milliardär an der Börse? Stets aber handelte es sich um die allerwenigsten, hoch oben auf der Spitze des Eiffelturms und denkbar weit vom Boden und den Untertanen entfernt. Jetzt dagegen, *maintenant*, könnten drei Milliarden und siebenhundertfünfzig Millionen Däumlinge, ihr Handy in den Händen haltend, diese Devise oder besser, im buchstäblichen Sinne des Wortes, dieses Manifest in die Welt hinausrufen.

So sieht das Fundament eines neuen Turms aus, eines geköpften, ohne Spitze. So viele Sender wie Empfänger. Endlich haben die vielen ihren bloßen Empfängerstatus überwunden. Das steckt einen neuartigen Kommunikationsraum ab, in Form des Netzes oder des Geflechts, der jene Utopie, die der Demokratie zugrunde liegt, allererst Wirklichkeit werden läßt. Ich korrigiere mich: Die Utopie ist dann kein Un-Ort mehr, sondern ein zugleich realer und virtueller Ort. Anders gesagt: eine Sensation!

Die Größe der Arten

Früher, wirft Meckeropa, aufgebracht, im Geiste de Gaulles in die Runde und wird laut, früher, da zählte Frankreich zu den großen Nationen dieser Welt, heute dagegen … Natürlich, sagt Däumelinchen möglichst behutsam, aber was genau verstehen Sie unter Größe? In den Zeiten dieser schwindelerregenden Größe haben Ludwig XIV., Robespierre oder Napoleon meine Vorfahren umgebracht, zu Dutzenden, zu Hunderttausenden, auf der Place de Grève, in Rußland, Ägypten, Italien. Manchmal fünfzigtausend in einer einzigen Schlacht, ja an einem Tag binnen fünfzehn Stunden, wie bei Eylau oder Borodino. Wie viele Leichen pro Minute macht das? Und wozu? Um sich einen Platz in der Geschichte zu sichern und am Ende doch zu scheitern? Um alle zu übertreffen, aber zuletzt unter der Guillotine oder in der Verbannung auf St. Helena zu enden? Teuer bezahlt, zu Lasten des Volks wie mit dem eigenen Schicksal. Wer wird je die Geschichte aus der Perspektive dieser Opfer, dieser toten Seelen schreiben? Wir?

Biologische Parallele: Nehmen wir das Beispiel des Menschen im allgemeinen, als Lebewesen. Und nehmen wir an, dieser Mensch, der nicht aufgehört hat, alle Arten zu bekämpfen, sie auszubeuten, sie zu jagen, sie zu parasitieren, sie zu zerstören, hätte den verhängnisvollen *terminus ad quem* erreicht, an dem sie alle verschwunden wären. Der Stärkste, der Mächtigste, der Sieger des Kampfs ums Dasein hat gewonnen. Da steht er nun, allein auf Erden, ohne Kuh, ohne Baum, ohne Getreide. Was wird er essen? Seinesgleichen, seine Frau, seinen Sohn? Großpapa und Däumelinchen zum Frühstück?

Ich male mir einen vom Sozialdarwinismus inspirierten Roman aus, in dem der Kampf ums Dasein wütet und am Ende eines Zeitalters eine lebende Art die Oberhand gewinnt. Auch sie siegreich und auch sie allein auf Erden. Und wie gerade der Mensch daran starb, daß er gewonnen hat, so läuft auch sie Gefahr, daran zu krepieren. Da beschließt sie, um sich zu retten, schnell, bevor sie verschwindet, zurückzustecken und sich fortan mit einem bescheideneren Rang zu begnügen. Vor allem lernt sie, nie mehr zu gewinnen, hat sie doch am eigenen Leib erfahren müssen, was es kostet, den Sieg davonzutragen. Zweiter Akt: Nach ihrem Sichbescheiden wütet ein neuer Kampf, an dessen Ende eine neue Spezies obsiegt und alles von vorn beginnt. Und auch sie läuft Gefahr, daran zu sterben, und tritt rasch zurück ins Glied. Die abschließende Lehre daraus lautet: Alle lebenden Arten, Bakterien, Pilze, Fauna, Wale, Flora, Mammutbäume, ja, alle hatten sie ihre Chance in dieser heftigen und unheilvollen Plackerei, und alle bescheiden sie sich, eine nach der anderen, nachdem sie gewonnen haben, und treten in den gemeinsamen Wald ein, in Gesellschaft der anderen, um den alltäglichen Kleinkrieg aller gegen alle zu führen, in dem, wer verliert, gewinnt, und wer gewinnt, verliert, und am Ende alle sich reproduzieren und essen.

Darum fürchten alle den Menschen. Jede weiß um das wahre Gesetz des Dschungels, das ich gerade vorgetragen habe. Man darf vor allem nicht gewinnen, aber der Mensch ist der letzte, der es noch immer nicht weiß. Denn er hat noch nicht gewonnen. Seit ein paar Millionen Jahren, wir sind soweit, ist der Mensch an der Reihe. Er hat gekämpft, er hat sich geschlagen, er hat alles erfunden, am Ende wird er gewinnen. Und morgen früh schon, am Tag seines Sieges, wird er gezwungen sein, sich zu bescheiden, wie es der Mammutbaum, der Wal, die Bakterien, die Pilze und die Moose getan haben. Schnell den Gipfel verlassen, nicht hervorstechen, wieder im Lot sein, zum Gleichgewicht zurückkehren, wenn er denn überleben will. Schnell, schnell, oder er läuft Gefahr zu sterben.

Kleinheit

Was für lebende Arten gilt, das gilt auch für Nationen und Regierungen. Was hat, fragt Montesquieu, zum Niedergang der Römer geführt? Die Antwort, die sich mit größter historischer Evidenz aufdrängt, scheint er freilich nicht zu sehen: Schuld war die Größe selbst. Der Grund des Falls: die äußerste Spitze des Turms, an der das labile Gleichgewicht rasch ins Wanken gerät. Rom besetzte Europa, einen Teil Afrikas, ein Stück von Asien, und weil aus dem zu ausgedehnten Gebilde rasch die Luft raus war, sank es in sich zusammen. Die Barbaren jenscits der Grenzen konnten in das erschlaffte

Großreich einfallen. Weshalb, fragt ein anderer Autor, waren diese Zivilisationen sterblich? Weil sie siegreich sein, die größte, stärkste, erste werden und darum alle anderen zerstören wollten. In meinem letzten Buch habe ich großen Gefallen daran gefunden, sie an ihren Opfern zu messen, an der Zahl der Leichen, die ihren Weg säumten. Erinnere dich, Großpapa, an Stalin: »Wie viele Divisionen hat der Vatikan?« Und es war Johannes Paul II., ein kleiner Pole in Soutane, der keine einzige Kanone hatte, der die Rote Armee zurechtstutzte! Deutschland *über alles*, brüllte Hitler, Heil der arischen Rasse! Und brachte sich in seinem Bunker um. Diese Pseudo-Giganten siechen in ihrer unzerstörbaren Rüstung dahin, sie gehen an der beachtlichen Größe ihres imaginären Penis zugrunde. Wie die Dinosaurier, die nicht die Zeit hatten, sich vor ihrem Gesamtsieg gerade noch klein zu machen und ins Glied zurückzutreten. Aber nein, ich irre mich: Sie wurden zu kleinen Vögeln, und darum sind sie noch da, sie fliegen um uns herum. Sie haben beschlossen zu überleben, und sei es in einer anderen Form. Besser noch: Sie haben überlebt, weil sie die Schwäche gewählt haben.

Wir haben die irrsinnige Chance, sagt Däumelinchen zu ihrem Meckeropa, nicht mehr auf die Hauptrolle auszusein. Stecken wir zurück, seht her meine Flügel, werden wir zu Vögeln, das ist das beste Unterpfand der Unsterblichkeit. Und wenn wir so überlebt haben, investieren wir keine Energie mehr in Schlachten, in Konflikte, in den ganzen paranoiden Kampf um die Spitze. Erschaffen wir, bescheidener, Kathedralen, Theoreme, Romane und Kantaten, verwenden wir unsere Kraft auf Werke, die wir miteinander teilen, Liebe, die wir verbreiten können, und sorgen wir für gedämpfteres Licht. Zur Hölle mit dem Glanz, der Macht, dem Ruhm, zur Hölle mit dieser ganzen Geschichte. Tod der Konkurrenz, Tod dem Tod.

Und warum wurde ausgerechnet ich zur Heldin dieser Zeit, fragt sie humorvoll. Weil ich Petite Poucette heiße, Däumelinchen, im Diminutiv, winziger Anfang einer neuen Geschichte.

Insgeheim ist Däumelinchen versucht, das Wort von Max Planck, dem Quantengenie der Moderne, zu wiederholen: »Eine neue wissenschaftliche Wahrheit«, schrieb dieser, »pflegt sich nicht in der Weise durchzusetzen, daß ihre Gegner überzeugt werden und sich als belehrt erklären, sondern vielmehr dadurch, daß sie allmählich aussterben.« Ein Sprung nach vorn!

Durch ihren Redeschwall, wenn nicht durch ihre Taten schaffen die Meckergreise eine melancholische Stimmung, von der die heutige Zeit überschattet wird. Sie schaden der Moral der Däumlinge und blockieren Neuerungen, indem sie allenthalben die Macht ergreifen. Einst töteten die Väter wirklich ihre Söhne, jetzt tun sie es virtuell.

*Die Woge selbst, die es herantrug, springt zurück mit Grausen**

Die Fortschritte, deren Lob ich singen wollte, haben eine hohe Lebenserwartung gezeitigt, und diese hat uns wiederum eine große Zahl von Greisen beschert, die im Besitz noch nicht vererbter Vermögen sind. Viele von ihnen kommen an die Macht, um sie für ihre Fortschrittsverweigerung zu nutzen. Durch diese zirkuläre Kausalität bremst der Fortschritt sich selbst.

An Beispielen herrscht kein Mangel. Der Islamische Staat führt einen blutigen Kampf gegen eine Morgenröte, deren unaufhaltsames Heraufziehen der Arabische Frühling angekündigt hatte; Konservative, Brexit-Befürworter, Trump, Putin, Erdoğan ... sie alle betreiben eine rückwärtsgewandte Politik, um eine Zukunft aufzuhalten, die sich doch nicht aufhalten läßt, zahllose Demonstrationen ziehen durch die Straßen, um alte, ausgediente Besitzstände zu verteidigen.
Links oder rechts glaubt man, gegen den IS zu kämpfen, und bezieht doch überall die gleichen Positionen. Trump und der IS führen den gleichen Kampf. Eine einzigartige Angst vor der Zukunft bemächtigt sich einer Politik, die von den Alten übernommen wird. Wenn er reich und an der Macht ist, wird unser Meckeropa gefährlich.

* Jean Baptiste Racine, *Phädra*, 5. Akt, 6. Auftritt, übersetzt von Friedrich Schiller (Anm. d. Ü.).

Willkommen im Kreis: »Später besser« bringt das »früher war es doch besser« derer hervor, die das »später besser« bedrohen.

Liebe Däumelinchen, liebe Däumlinge, verratet es den Alten, zu denen ich zähle, nicht weiter: Es ist so viel besser heute: der Friede, die Lebensdauer, der Friede, die Schmerzmittel, der Friede, die Sozialversicherung, der Friede, die Stromversorgung, der Friede, die Hygiene und die Palliativpflege, der Friede, der abgeschaffte Militärdienst und die abgeschaffte Todesstrafe, der Friede, der Naturvertrag, der Friede, die Reisen, der Friede, die leichtere Arbeit, der Friede, die geteilten Mitteilungen, der Friede, das Sichaufblähen alter gedunsener Dinosaurierinstitutionen …

… vor deinen Augen, Däumelinchen, so klein, so beschwingt, so federleicht, daß du mir manchmal wie ein Vogel, wie ein Geisteshauch erscheinst. Ah, wenn dein Meckeropa dich bloß in Ruhe lassen könnte …

Michel Serres
Erfindet euch neu!
Eine Liebeserklärung an die vernetzte Generation
77 Seiten
€ 8,00 [D] / € 8,30 [A]
ISBN 978-3-518-07117-5
Auch als eBook erhältlich

Die Welt hat sich in den letzten Jahrzehnten rasend schnell verändert: Die Weltbevölkerung und die Lebenserwartung steigen; traditionelle Großkollektive wie Nationen, Konfessionen und Parteien verlieren an Bindekraft; Wissen, das früher in Bibliotheken gespeichert war und mühsam erworben werden musste, steht uns heute überall zur Verfügung. Der Wandel hat längst ein solches Ausmaß erreicht, dass wir laut Michel Serres mit Fug und Recht davon sprechen können, dass die Angehörigen der jungen Generationen einer anderen Spezies angehören: jener der »kleinen Däumlinge«, die mit flinken Fingern ihre Smartphones steuern, sich vernetzen und kommunizieren. Den »kleinen Däumlingen« widmet der große Philosoph Michel Serres diese Liebeserklärung. Fern von jeder technikfeindlichen Kulturkritik fordert er sie auf, ihre Chance zu nutzen und alles neu zu erfinden: die Gesellschaft, das Bildungssystem – und sich selbst.

»Serres hat ein kleines, sehr großes Buch geschrieben, dem es gelingt, dass man sich nach seiner Lektüre stärker, neugieriger, fröhlicher fühlt.« *Peter Praschl, WELT am SONNTAG*

Carlo Strenger
Zivilisierte Verachtung
Eine Anleitung zur Verteidigung unserer Freiheit
104 Seiten
€ 10,00 [D] / € 10,30 [A]
ISBN 978-3-518-07441-1
Auch als eBook erhältlich

Ein Vierteljahrhundert nach dem Mauerfall ist klar, dass das Ende der Geschichte weiterhin auf sich warten lässt. Stattdessen wirft ein anderes Ereignis aus dem Jahr 1989 lange Schatten: 26 Jahre nach der Fatwa gegen Salman Rushdie stellt uns der Anschlag auf das Satiremagazin *Charlie Hebdo* einmal mehr vor die Frage, wie der Westen selbstbewusst für seine Werte eintreten kann – ob nun gegen Fundamentalisten, Populisten oder die antiwestliche Rhetorik eines Wladimir Putin. In dieser Situation plädiert Carlo Strenger für eine Haltung der zivilisierten Verachtung, mit der das aufklärerische Toleranzprinzip wieder vom Kopf auf die Füße gestellt wird: Anstatt jede Glaubens- und Lebensform diskursiv mit Samthandschuhen anzufassen, müssen wir uns daran erinnern, dass nichts und niemand gegen wohlbegründete Kritik gefeit sein darf.

»Ein schöner, leidenschaftlicher Essay.«
Gustav Seibt, Süddeutsche Zeitung